CIAŁO ZMIAN

UŻYWANIE CIAŁA DO UZDRAWIANIA, KOCHANIA I
WZMACNIANIA SIEBIE

DR. LISA COONEY

CIAŁO ZMIAN
DR. LISA COONEY

FOREWORD BY LAURA LANE

UŻYWANIE CIAŁA
DO
UZDRAWIANIA,
KOCHANIA I
WZMACNIANIA
SIEBIE

"*Może to być zbyt odległym marzeniem w moim życiu, ale wszyscy potrzebujemy wielkich celów, bo tak naprawdę, jaki to ma sens? Każdy musi dążyć do tego, by nie żyć zwykłym życiem*".

— ANNE MCKEVITT

Albo jak powiedział mi mój ojciec, idź DUŻY albo idź do domu!

Ta książka jest dla ciała. Bezinteresownej istoty, która towarzyszy nam aż do ostatniego oddechu. Dla wszystkich ciał, które ignorujemy i dla wszystkich ciał, o których zapominamy. Niech słowa wyskakują ze strony i przywrócą ciebie i twoje ciało jako niesamowite partnerstwo, a zapomniane dary zostaną zapamiętane.

PART I

Dr Lisa ma niesamowity dar. Spotyka się z Tobą tam, gdzie jesteś emocjonalnie i energetycznie. Po naszym pierwszym spotkaniu mój świat się rozpadł.

Była to część procesu dostosowywania się i podążania w kierunku lepszego mnie. Pomaga mi znaleźć narzędzia do radzenia sobie z rzeczami, które się pojawiają i są głęboko zakorzenione. Potrzebuję wszystkich narzędzi, jakie mogę zdobyć. Jest sprzedawcą tych rzeczy. Jestem wdzięczny, że mam ją jako sprzymierzeńca w sprawach, które można wyjaśnić, a niektóre nie.

— ZAC BROWN, ZAŁOŻYCIEL I
DYREKTOR GENERALNY ZAC
BROWN BAND

Po jednej katartycznej sesji z dr Lisą Cooney zauważyłam tak niezwykłą zmianę w tym, jak czułam się w swoim ciele. Mam nadzieję, że ta książka pomoże wielu innym osobom, które mogą czuć się odłączone, podążać ścieżką powrotu do siebie.

— GWYNETH PALTROW, FOUNDER AND
CEO OF GOOP

PRZEDMOWA

Pamiętam, kiedy po raz pierwszy przeczytałam o dr Lisie Cooney w biuletynie GOOP. Gwyneth Paltrow niedawno odbyła sesję ZOOM z dr Conney z polecenia znajomego. Byłam sceptyczny, zastanawiając się, jak to może działać przez Internet. Nie chodziło o to, że miałam szczególnie głębokie fundamentalne przekonania na ten temat, ale będąc osobiście czułam intuicyjnie, że musi to być częścią tego procesu. Gwyneth zgodziła się i weszła z wyważonym sceptycyzmem, tylko po to, by opisać swoje transformujące doświadczenie. Myślałam o jej doświadczeniu przez kilka tygodni.

Niedługo potem u mojego psa zdiagnozowano raka płuc i dawano mu od jednego do trzech miesięcy życia. Wychowywałam tego psa od ósmego tygodnia życia i zawsze żartowałam, że jest psią wersją mnie, jak córka, której nigdy nie miałam. Lekarze nie sądzili, że chemioterapia zadziała, biorąc pod uwagę stopień zaawansowania choroby, ale powiedzieli, że i tak możemy spróbować. Dla kaprysu skontaktowałam się też z dr Cooney, by pomogła mi przejść przez żałobę. Podczas naszej rozmowy poprosiła mojego męża i mnie, abyśmy usiedli z naszym psem. Spojrzała na nas i nigdy nie zapomnę tego, co powiedziała: "Nie jesteś gotowa, aby odejść, prawda?". Kontynuowaliśmy sesję, podczas której ledwo pamiętam, co powiedziała; intonowała i mówiła tak szybko. Minęły już dwa lata, a mój pies kwitnie. Lekarze nie potrafią wyjaśnić, w jaki sposób jej rak zasadniczo zniknął. Mówią, że nigdy nie widzieli czegoś takiego w żadnym ze swoich przypadków.

Niedawno moja matka była bardzo chora i podłączona do respiratora na oddziale intensywnej terapii. Lekarze przygotowali nas na podtrzymywanie życia, ponieważ jej stan gwałtownie się pogarszał. Pomyślałam, że mogę już nigdy nie porozmawiać z moją matką, więc ponownie skontaktowałam się z dr Cooney. Dała mi instrukcje, jak być obecnym w szpitalu i po raz kolejny uzdrowiła ją z daleka. Następnego dnia stan mojej matki przestał się pogarszać i zaczął się poprawiać. W przyszłym tygodniu odwiedzę mamę z okazji jej urodzin. Rozmawiałyśmy wczoraj przez telefon i śmiała się z moich dzieci.

W każdym przypadku lekarze byli oszołomieni cudownym wyzdrowieniem. Jestem sceptyczna wobec rzeczy, których nie da się logicznie wytłumaczyć i koncepcji, których w pełni nie rozumiem. Ale jako człowiek żyjący w tym pięknym, rozległym wszechświecie, wierzę całym sercem, że niektórych rzeczy w życiu po prostu nie da się wyjaśnić; że nie rozumiemy wszystkiego. Czy to były zbiegi okoliczności? Nigdy się tego nie dowiem. Nigdy w pełni nie zrozumiem zdolności dr Cooneya i tego, jak działają, ale jestem pod wrażeniem tego, co widziałam i głębokiego wpływu, jaki wywarło to na moje życie. Dziękuję.

Laura Lane, autorka i dziennikarka

PODRÓŻ DO MOŻLIWOŚCI

"Nie kieruj swojej uwagi gdzie indziej w poszukiwaniu prawdy, ponieważ nie ma jej nigdzie indziej, jak tylko w Twoim ciele".

Eckhart Tolle

Nie czułam się dobrze. Podeszłam do komputera, zamknęłam oczy i powiedziałam: "Ciało, porozmawiaj ze mną". Następną rzeczą, jaką wiedziałam, było to, że otworzyłam oczy i łzy spływały mi po policzkach, a ja wpatrywałam się w słowa "Zabijasz mnie" na ekranie.

Tego dnia gra - moja gra - zmieniła się. To był początek innej relacji z moim ciałem, która nie tylko fizycznie zmieniła moje ciało, ale zmieniła moje życie, jakie znałam. Nie żeby to było łatwe. Praca nad sobą nigdy nie jest łatwa. Ale najtrudniejszą częścią była zmiana moich relacji - ze wszystkim.

Zaczęło się od tego, że postanowiłam dowiedzieć się, co mnie "zabija", jaka część mnie i dlaczego. Zaczęłam używać wszystkich narzędzi i technik dostępnych dla mnie jako psychoterapeuty, certyfikowanego Theta Healer™, certyfikowanego facylitatora Access Consciousness® i innych, które nabyłam w trakcie mojej kariery. W końcu odkryłam, że mam dar do głęboko transformujących procesów i opracowałam narzędzia do odkrywania i zmiany, zwane metodą ROAR® (Radically Orgasmically Alive Reality, czyli Życie w Rzeczywistości Radykalnie Orgazmicznie Żywej). Życie w Rzeczywistości Radykalnie Orgazmicznie Żywej polega na wybieraniu możliwości zamiast problemów, po jednym działaniu lub przekonaniu na raz.

W wyniku tej pracy moje dzisiejsze życie jest zupełnie inne, niż kiedykolwiek myślałam, że mogłabym lub byłabym w stanie stworzyć. Ciężar emocjonalny przebrany za dodatkowy ciężar fizyczny

- dodatkowe pięćdziesiąt funtów - który nosiłam, po prostu stopił się i odszedł, gdy zdecydowałam się na zmianę. W kulturze, która koncentruje się na jednej modnej diecie za drugą, to objawienie, że uwolnienie się od ograniczeń i wątpliwości może często znacznie szybciej zmienić ciało w sposób, w jaki chciałabyś być. Gdy moje ciało się zmieniło, ja zmieniłam się od środka. Długotrwałe problemy zaczęły się rozwiązywać i ustępować.

Za każdym razem, gdy badasz swoje problemy z perspektywy mądrości ciała, otwiera to zupełnie nowy świat rozmów i zapewnia nowe sposoby dążenia do wszystkiego, czego pragniesz. Takie jest założenie całej książki: jak połączenie się ze sobą poprzez swoje ciało może uzyskać dostęp do najwyższego celu i najlepszego życia.

Celem tej książki jest pomoc w odkryciu korzyści płynących z 1) zaprzyjaźnienia się ze swoim ciałem i słuchania go oraz 2) nauczenia się wybierania z ciała poprzez pozwolenie umysłowi na współpracę z nim. Ponieważ kiedy zmieniasz się od "wewnątrz na zewnątrz", Twoja "zewnętrzna strona" również się zmieni, aby być w zgodzie z Twoimi pragnieniami. Im więcej tego doświadczasz, tym lepiej rozumiesz, że brak świadomości powoduje fizjologiczne zaburzenia i dysharmonię w Twoim ciele i ogólnie w Twoim życiu. Ten stan uniemożliwia uświadomienie sobie, że prawdziwym celem Twojego ciała jako organizmu jest kierowanie zmianami energetycznymi nie tylko w Tobie, ale także w innych. To coś więcej niż fakt, że to, co mówisz do siebie, jest tym, co pokazujesz światu jako ciało. To oczywiście prawda. Ale moim zamiarem jest mówienie o czymś innym na temat ciała i jego potencjału jako uzdrowiciela i empaty.

W mojej pracy z klientami na całym świecie zauważyłam, że bycie obecnym w swoim ciele działa na ludzi w głęboki sposób. Może mieć wpływ, którego większość z nas nie potrafi opisać. Nie jesteśmy uczeni w domu ani w szkole, że istnieje uniwersalna świadomość, do której możemy uzyskać dostęp, która pozwala nam używać naszego ciała do informowania naszej istoty. To jest *obecność* - stan jedności. W tym stanie nasze ciała są zdolne do znacznie więcej, niż nam się wydaje.

ROZDZIAŁ 1: ODCISK TWOJEJ DUSZY - TWÓJ UNIKALNY DUCHOWY PODPIS

Rozpoczęcie wyłaniania się własnego odcisku duszy jest ścieżką do pełni, miłości i radości, w nas samych i z innymi.

Psaris & Lyons

Moja babcia była ucieleśnieniem bezwarunkowej miłości i jedynym ratunkiem w moim dzieciństwie. Miała dwa metry wzrostu, była katoliczką i Włoszką. Sama doświadczyła takich trudności i bólu. Jako najmłodsza z trzynaściorga dzieci nie miała żadnego wykształcenia poza gimnazjum. Jej ojciec był niezwykle brutalnym człowiekiem, który ostatecznie zamordował jej matkę. Nazywała go "gestapo". Ale pomimo swojej historii, dała z siebie tak wiele. Patrząc wstecz, nauczyła mnie, że bez względu na to, przez co ktoś przeszedł, nadal może być ucieleśnieniem bezwarunkowej miłości. Była moim największym nauczycielem.

Doświadczywszy w dzieciństwie przemocy seksualnej, emocjonalnej i fizycznej, była jedyną osobą, z którą czułam się komfortowo w kontakcie fizycznym. Kiedy zmarła, pozostawiła po sobie dziedzictwo. Moja babcia wpłynęła na moją decyzję, by robić rzeczy w inny sposób: wybrać jak najlepiej, by być życzliwym i pomocnym bez względu na to, co dzieje się w moim świecie. W tej życzliwości może być potrzeba siły lub stanowczości, ale jest to przestrzeń miłości ze względu na to, czego mnie nauczyła. Przewodzić sercem. To doprowadziło mnie do ciała.

I było jeszcze coś, czego nauczyła mnie babcia, a co wykraczało poza to, jak kochać bezwarunkowo - nauczyła mnie o mojej duszy.

Siedziałyśmy na mszy, jednym z moich ulubionych miejsc, gdzie mogłam z nią przebywać. Znała i wypowiadała na głos każde słowo, a tego jednego dnia usłyszałam, jak mówi: "Dusza i ja zostaniemy uzdrowieni".

Zamarłam, serce mi waliło i w tym momencie wiedziałam, że moja praca będzie miała coś wspólnego z duchem lub duszą. Czułam to każdym włóknem mojej istoty... ponieważ moje ciało przemówiło do mnie, a ja i moje ciało obudziliśmy się!

ODCISK TWOJEJ DUSZY

Odcisk Twojej duszy to Twój duchowy podpis. Jest to kontur i treść Twojej duszy - jej charakter.

Jest bardziej specyficzny dla Ciebie i tylko dla Ciebie, niż pismo odręczne Twojego imienia nabazgrane na czeku lub liście.

Jest nawet bardziej specyficzny dla Ciebie niż Twoje geny i chromosomy.

M. Gafni

Jako istota ludzka posiadasz odcisk duszy, Boskiego ducha, który zawsze wzywa Cię na wyższą ścieżkę spełnienia. Nie ma znaczenia, jak daleko zboczysz z tej ścieżki, jak bardzo będziesz chory lub odłączony. Twój odcisk duszy zawsze będzie wzywał Cię z powrotem i wykorzystuje do tego Twoje ciało. Mimo że wczesne znęcanie się doprowadziło mnie do zamknięcia się i wycofania w celu ochrony siebie przez większość mojego dzieciństwa, zawsze istniała inna strona mnie leżąca w uśpieniu. W różnych momentach mojej uzdrawiającej podróży wyłaniała się, jakby przypominając mi, że cierpliwie czeka na moją świadomość.

Wiele osób, z którymi pracuję, które przezwyciężyły przemoc, często jest w stanie przyznać, z miejsca uzdrowienia, że zawsze byli świadomi części siebie, która nie została wyrażona, innej strony, którą w jakiś sposób znali jako swoją prawdę przez cały czas. Obecnie w moim życiu działam bardziej konsekwentnie z tego miejsca. Być może doświadczyłeś czegoś podobnego - momentów świadomości, w których widzisz wszystko to, co jest poza Twoją obecną rzeczywistością.

Ten aspekt Ciebie - Twój odcisk duszy - jest całkowicie unikalny dla Ciebie. To Twój własny podpis. A Twoim zadaniem, Twoim jedynym zadaniem, jest pozwolić mu odcisnąć swoje piętno. Robisz to, poszerzając swoje ograniczone myślenie o sobie, co następnie służy oświetleniu Twojego duchowego podpisu na świecie. Jeśli na to pozwolisz, Twoje ciało Ci w tym pomoże.

PSYCHOLOGIA DUSZY

"W psychoterapii nie ma niczego, co zaczynałoby się od podstawowego, doskonałego wzorca człowieka... Ten wzorzec istnieje...".

Raymond Charles Barker

Jako profesjonalny psycholog, z mojego doświadczenia wynika, że tradycyjna psychologia nie ma narzędzi, które pomogłyby jednostkom w osiągnięciu jaźni duszy, której poszukują. Z pewnością nie dla mnie. Wszyscy szukamy poczucia całości, czy to w pojedynkę, czy z innym człowiekiem. Ale czym jest to pozornie nieuchwytne uczucie? Można je opisać na wiele sposobów: energia, połączenie, ciepło, otwartość, ekspansja, witalność. Ja nazywam to *radykalną żywotnością*.

Kiedy tracisz kontakt ze swoją prawdziwą naturą i stajesz się zniewolony przez nieelastyczne role, zachowania i sposób myślenia, cierpisz. Oddalasz się od swojego prawdziwego i autentycznego miejsca. Na szczęście, poprzez osobistą zmianę i transformację, możesz uwolnić się od wąskich i ograniczających aspektów swojego wychowania i wczesnych uwarunkowań. Każdy niuans, wydarzenie, obraz i incydent w Twoim życiu jest źródłem istotnych informacji psychologicznych i duchowych, a informacje te są dla Ciebie dostępne, ponieważ są przechowywane w Twoim ciele. Gdy dostroisz się do tego aspektu duszy, dostarczy Ci on dokładnych wskazówek potrzebnych do ewolucji duszy i radykalnego życia.

ŻYĆ RADYKALNIE

Myślę, że to, czego naprawdę szukamy, to doświadczenie bycia żywym, tak aby nasze doświadczenia życiowe na czysto fizycznym planie miały rezonans w naszej najgłębszej istocie i rzeczywistości, tak abyśmy mogli faktycznie poczuć zachwyt bycia żywym.

Joseph Campbell

Każdy z nas ma możliwość żyć radykalnie. Przez lata wykorzystywałam i rozwijałam narzędzia i techniki, aby pomóc ludziom w osiągnięciu tego celu. Nazywam to życiem ROAR® - Radically, Orgasmically Alive Reality. Aby to osiągnąć, prawdopodobnie będziesz musiał zrzucić kilka kilogramów. Jeśli jesteś podobny do mnie, może to być całkiem dosłowne, ale wyraźnie wskazuję na bagaż mentalny i emocjonalny. Tak czy inaczej, będzie to oznaczać ponowne połączenie się z duszą poprzez wrodzoną mądrość ciała.

Jak to zrobić? Zacznij od wykorzystania uzdrawiającej mocy w sobie. Aby boska muzyka życia mogła być odtwarzana przez Ciebie, ego będzie musiało zająć tylne siedzenie. Wszystkie te stałe idee i przekonania, które gromadziłeś od momentu poczęcia, muszą odejść, aby Twoja energia zrównała się z wyższą świadomością.

Czy brzmi to jak cel niemożliwy do osiągnięcia? To dlatego, że w rzeczywistości wcale nie jest to cel. Jest to proces, który odkryłam w mojej pracy, sprowadzający się do prostej koncepcji: kochania siebie od wewnątrz i bycia dobrym przyjacielem dla siebie, ponieważ chcesz być kimś innym. Prawdziwy „ty", ukrywający pod spodem podskórny nurt przetrwania twojego ego i „ja", intensywnie aktywuje twoje strategie radzenia sobie.

SEKRET TKWI W INTELIGENCJI TWOJEGO CIAŁA

Widzisz, tak długo, jak jesteśmy wciąż tacy sami wewnątrz, na poziomie naszych myśli, przekonań, wzorców i emocji, po prostu nie osiągnęliśmy transformacji w głębszym sensie.. Aby stać się zdrowym

i tak pozostać, tak, musimy ćwiczyć i dobrze się odżywiać. Ale często musimy również pracować nad

sobą "poza ciałem" - badając nasze ograniczające przekonania na temat naszego ciała i życia.

Musimy zmienić nasz sposób myślenia i wyleczyć emocjonalne guzy i siniaki...

Bill Phillips

Podobnie jak małe dziecko, którego ciało przemówiło do niej tego dnia z babcią, Twoje ciało przemówi do

Ciebie. Powie Ci rzeczy, których nie możesz sobie wyobrazić w tej chwili, o tym, jak leczyć, jak kochać, jak żyć, jak być, ponieważ Twoje ciało jest podłączone do inteligencji wszechświata. Pojawia się pytanie, w jaki sposób nasze życie zboczyło z toru, stało się skomplikowane i trudne? Co ważniejsze, co możesz zrobić, aby to zmienić, abyś mógł usłyszeć rozwiązania, miłość i wsparcie, jakie ma dla Ciebie Twoje ciało?

Zrozumienie odpowiedzi na te pytania i praca z tymi informacjami będzie miała głęboki wpływ na Twoje życie, dosłownie przekształcając każdą relację, jaką masz - z pieniędzmi i pracą, ze zdrowiem i dobrym samopoczuciem, z bliskimi i niezbyt kochanymi, a przede wszystkim z samym sobą i światem. Niezależnie od tego, jakie masz wyzwania i problemy, obiecuję Ci, że warto będzie stawić im czoła. Możesz nawet odkryć, tak jak ja, że "Twój bałagan jest Twoim przesłaniem" i że Twój cel jest ściśle związany z Twoją podróżą do pełni.

Zadaj sobie następujące pytania:

Jakie jest przesłanie w Twoim "bałaganie" w tej chwili?

Ciało, pokaż mi, co mam teraz zrobić, aby to zmienić?

Jaki jest teraz następny krok lub działanie?

Na przykład:

1. Nie Wiem Jak Zadać Pytanie i Słuchać Odpowiedzi Mojego Ciała
2. Wiem, że tak będzie.
3. Dziękuję! To Jest Zrobione!

Przećwicz używanie tego zdania po: "Nie wiem jak... Po prostu wiem, że tak będzie. Dziękuję. Zrobione!"

ROZDZIAŁ 2: CO CIĘ POWSTRZYMUJE?

JAKA JEST HISTORIA TWOJEGO CIAŁA?

Kiedy ją stworzyłeś?

Czy jesteś zadowolony z tej historii?

Czy wymaga ona zakończenia i nowego początku?

Albo nowego rozdziału?

Albo zupełnie nowego wyglądu?

Co powstrzymuje Cię przed stworzeniem życia, które uwielbiasz? Co sprawia, że utknąłeś w martwym punkcie? Jednym słowem: Ty sam. To Ty blokujesz swoje prawdziwe talenty, dary, potrzeby i pragnienia, niezależnie od tego, czy jesteś tego świadomy, czy nie. Pracując z ludźmi odkryłam, że to, co często Cię powstrzymuje, to pewnego rodzaju odmowa:

1. Odmowa dokonania wyboru tylko dlatego, że jest to możliwe.
2. Odmowa praktykowania miłości własnej.
3. Odmowa zaakceptowania faktu, że zasługujesz na całe dobro - nie trochę, nie odrobinę, ale na dobro.
4. Odmowa zaakceptowania faktu, że możesz wybrać cokolwiek chcesz i nie musisz na nic czekać, nawet na pieniądze.
5. Odmowa wybrania tego, czego chcesz i aktywnego tworzenia tego.

Wszyscy zawsze szukają magicznej pigułki: *Jeśli zrobię to... Jeśli to osiągnę... wtedy będę mógł.* Ale w rzeczywistości tak to nie działa. Wygląda to raczej tak: *Chcę tego. Pragnę tego. To sprawi, że będę szczęśliwy. Jak mogę to osiągnąć?*

Co powstrzymuje Cię przed tworzeniem i akceptowaniem rzeczy, które uczyniłyby Cię szczęśliwym? I dlaczego miałbyś kiedykolwiek odmawiać tego, czego naprawdę pragniesz? Na poziomie świadomym oczywiście nie. Ale na poziomie nieświadomym? O tak.

Ćwiczenie dziennikowe

Zapisz 10 rzeczy:

1. Czego chcesz.
2. Czego pragniesz.
3. Co Cię uszczęśliwi.
4. Czy chcesz zrobić to co zapisałeś?

ROZPRASZACZE, BARIERY I DEFLEKTORY DLA TWOICH DARÓW I KREATYWNOŚCI

Jedyną rzeczą, która powstrzymuje nas przed byciem, robieniem i posiadaniem tego, czego pragniemy, są nasze nieświadome przekonania - fundamentalne lub podstawowe przekonania, które w większości zostały ukształtowane w dzieciństwie przez rodziców, przodków lub kulturę w ogóle, lub po prostu poprzez interakcje i doświadczenia z otaczającym nas światem, które teraz działają na autopilocie. W tamtym czasie miały one dla nas sens. Mówiły nam, jak działa świat. Zapewniały nam bezpieczeństwo. Mówiły nam, kim w nim jesteśmy - lub kim nie jesteśmy. Były regułami gry, które pozwalały nam funkcjonować lub radzić sobie w środowisku, w którym się znaleźliśmy. Dziś jednak żyją one w mrocznych podziemiach naszej podświadomości, przenikając każdy aspekt naszej istoty i naszego życia, i pozostają dla nas niewidoczne, z wyjątkiem wyników, które przynoszą.

Ludzie, którzy pojawiają się w moim biurze lub na moich warsztatach, często są w najlepszym razie zdezorientowani, dlaczego ich życie po prostu nie działa tak, jak sobie wyobrażali. Dlaczego nie są w stanie tworzyć radosnych związków, angażujących i produktywnych karier lub obfitości finansowej? Dlaczego nie mogą być szczęśliwi? Dzieje się tak dlatego, że ich nieświadome przekonania działają w tle, choć mogą być przestarzałe i nieaktualne. Niestety, nie znikają one tylko dlatego, że nie są już przydatne.

To dlatego walczymy o zmianę rzeczy, ponieważ uderzamy w te ukryte przekonania, przekonania, które można zaobserwować tylko poprzez nasze zachowania, emocje i działania lub w sytuacjach albo warunkach, które pojawiają się w naszym życiu. Ludzie cierpią, nie tworzą i pogrążają się w rzeczach, których tak naprawdę nie potrzebują. Te przekonania powodują ograniczenia, czasem nawet nie zdajemy sobie sprawy, że w nich żyjemy. Niczym ruchome piaski, ściągają Cię na dno i tam trzymają.

Doszłam do wniosku, że wiele podstawowych prze-konań, z którymi zmagają się ludzie, ma charakter uniwersalny i zmierza w jednym kierunku: w kierunku nienawiści do samego siebie na pewnym poziomie.

NIENAWIŚĆ DO SAMEGO SIEBIE

Jedynym grzechem jest nienawiść do samego siebie.

Paul Williams, DAS ENERGI

Nienawiść do samego siebie ma wiele twarzy: *Jestem zły. Jestem w błędzie. Jestem niekochany. Nie jestem ważny. Nie liczę się.* Objawia się to na wiele sposobów i działa jak autosabotaż. Oczywiście, nie wiemy, że to autosabotaż. To zawsze wygląda jak coś innego:

1. Prokrastynacja
2. Porównywanie się do innych
3. Złość
4. Wiktymizacja
5. Projekcja/Obwinianie
6. Narzekanie/Krytyka
7. Wymówki
8. Strach
9. Zmartwienie/Lęk

Nienawiść do samego siebie wpływa na to, co nazywam "trzema ważnymi sprawami": zdrowiem, finansami i związkami. Są to obszary, w których większość ludzi potrzebuje pomocy w takim czy innym czasie, a także trzy główne powody, dla których większość klientów przychodzi na terapię. Do czasu przybycia na terapię, ich problemy są zazwyczaj w pełnym rozkwicie: słabe zdrowie, paraliżujący dług, który zwiększa stres i niepokój, toksyczne relacje. To wszystko są formy samokarania.

Niestety, ludzie często nie zdają sobie sprawy, że istnieją wcześniejsze sygnały nieświadomych przekonań, takich jak te, które wymieniłem powyżej, częściowo dlatego, że są one tak powszechne i "akceptowane".

OSĄD

Sercem nienawiści, skierowanej do siebie lub innych, jest "osąd" - decyzja o tym, co jest złe (a zatem także dobre). Kiedy osądzasz cokolwiek, w istocie działasz z ustalonym punktem widzenia... a każdy ustalony punkt widzenia jest Twoją własnością. Zawęża Twoją perspektywę, a za każdym razem, gdy tracisz perspektywę, tracisz moc. Działasz inaczej, niż faktycznie chciałbyś działać, a potem czujesz się z tym źle, co prowadzi tylko do dalszego osądzania.

Jeśli przyjrzysz się bliżej naturze osądzania, zobaczysz, że jest ona połączeniem przeszłości i ludzi z tej przeszłości. Świadomość, że większość myśli osądzających nie pochodzi od Ciebie, może być uwalniająca. Były one przekazywane i przekazywane od niepamiętnych czasów. W tym sensie nie należą do Ciebie. Jednak im bardziej pozwalasz osądowi napędzać Cię i trzymać w tej ograniczonej rzeczywistości - jak zwierzę w klatce - tym bardziej utrzymujesz znęcanie się i chorobę osądu w swoim ciele, umyśle i na tej ziemi.

Kiedy ludzie mówią do Ciebie różne rzeczy, niezależnie od tego, czy o tym wiesz, czy nie, tworzysz jedno z tych nieświadomych przekonań na swój temat. A potem za każdym razem, gdy coś wydaje się, pachnie lub smakuje podobnie, to nieświadome przekonanie pojawia się w Tobie, w Twojej "klatce" i mówi: "O tak, to!". Kolejna poprzeczka zostaje ustawiona lub wzmocniona w klatce. I tak przez całe życie bronisz się przed możliwością połączenia się ze swoją wrodzoną, piękną energią. Myślisz, że coś jest z Tobą nie tak. Wszystko to dzieje się w ułamku sekundy, poza Twoją świadomością, a jedyną rzeczą, którą wiesz, jest to, że kiedy wykonujesz pracę uzdrawiania energią duchową, nie możesz połączyć się tak bardzo, jak wiesz, że możesz, z powodu nieświadomych przekonań.

Wyjście poza osąd obejmuje osądzanie siebie i innych - ponieważ to, co osądzasz u innych, jest po prostu odbiciem tego, co osądzasz w sobie.

KLATKA

W niemieckim słowniku filozofii można znaleźć słowa eigentlich

(prawdziwy, rzeczywisty) i uneigentlich (przeciwień-stwo prawdziwego życia).

Wiele osób prowadzi uneigentliches Leben (nieauten-tyczne życie).

Najtrudniej jest wyjść z tych skonstruowanych przez siebie klatek.

Nina George

Klatka jest użyteczną metaforą opisującą niewidzialną strukturę i samouwięzienie, które zamyka ludzi w ich ograniczonej rzeczywistości. Pamiętam, jak kiedyś pracowałam z potężnym uzdrowicielem, który powiedział: "O mój Boże, wewnętrzne struktury Twojego ciała - to tak, jakbyś miała stal wokół bioder, a Twoje kości były pełne żeliwa". To właśnie jest klatka: zinternalizowane idee i przekonania na temat siebie i życia, które z czasem twardnieją i hartują się, niewidzialne pręty, które trzymają Cię w granicach ustalonego punktu widzenia. Klatka przywiązuje Cię do pewnych realiów doświadczanych jako "To jest to. To jest to, co jest", zamiast doświadczać swojego życia jako niekończącej się kreacji i możliwości, co jest Twoją prawdziwą naturą i duchową sygnaturą.

CZTERY D: DENIAL, DEFENDING, DISCONNECTING, DISSOCIATING (ZAPRZECZANIE, OBRONA, ODŁĄCZANIE, DYSOCJACJA)

Cztery z nich to odkryte przeze mnie strategie radzenia sobie, których większość ludzi używa do negocjowania swojej rzeczywistości, ale które w rzeczywistości wzmacniają klatkę i blokują wszystko na swoim miejscu. Przyj-rzyjmy się każdej z nich.

Zaprzeczanie: Odmowa uznania istnienia czegoś.

Zaprzeczanie niekoniecznie jest czymś złym. Jak mówię ludziom na moich warsztatach, jest w porządku. Możemy się śmiać. Śmiech jest cennym zasobem w tej głęboko osobistej pracy, ponieważ mówimy o trudnych rzeczach. Spójrzmy prawdzie w oczy, kiedy doświadczasz traumy lub jesteś maltreto-wany, pewien poziom zaprzeczenia sprawia, że łatwiej jest przez to przejść. Jednak niewyrażone zaprzeczenie doprowadzi Cię prosto do Twoich nieświadomych przekonań. W ten sposób ludzie kończą jako dorośli w następujących sytuacjach: nieszczęśliwe małżeństwa, sytuacje pełne długów, nieudane biznesy, chore ciała, koszmary senne wyni-kające z braku chęci radzenia sobie z traumą i tak dalej. Niewyrażone zaprzeczenie jest często pierw-szym wejściem do klatki.

Wyobraź sobie, że ktoś z Tobą zrywa. Czujesz to w sercu lub gdzieś w ciele i natychmiast mówisz sobie:

"Okej, muszę być silny". To jest zaprzeczenie. Zaciskasz hamulce.

Ale na tym się nie kończy. Robisz to raz za razem i budujesz kolejne warstwy, które nazywam "pancerzem ciała". Wszystko, co robimy na moich warsztatach Roar® ma na celu uwolnienie tego pancerza. Wyobraź sobie, że prowadzisz samochód i nagle wciskasz hamulec, ponieważ na drogę wszedł jeleń. Nie zdając sobie z tego sprawy, wstrzymujesz oddech. Jeleń ucieka, a ty myślisz: *Okej... jeleniowi nic się nie stało.* Ale nie pamiętasz, że zapomniałeś oddychać. I ta chwila pozostaje z Tobą, mimo że już minęła.

To samo dzieje się z systemami przekonań, na które nie zwracasz uwagi, ponieważ jesteś tak silny i musisz być w ciągłym ruchu. To jest opancerzenie ciała. Czasami, gdy proszę kogoś o oddychanie, ma zawroty głowy. Czują się ciężko. Mogą nawet zacząć się dusić. Wielu z nas nie chce oddychać do brzucha, ponieważ tam są nasze emocje - lub do klatki piersiowej, ponieważ tam jest nasze złamane serce. Staje się to sposobem na przejście przez życie.

Każde z 4 D ma podwójne oblicze. W przypadku zaprzeczania, zaprzeczasz również wielkości swoich darów, talentów, zdolności i możliwości, ponieważ jeśli zaprzeczasz czemuś, co się dzieje, czy nie zaprzeczasz również czemuś o sobie? Gdzie jest granica? W ten sposób zaczynamy rozwijać klatkę. Aby zwiększyć świadomość i rozpocząć proces zmian, wystarczy zadać sobie kilka pytań:

1. *Czemu tutaj zaprzeczam?*
2. *W jaki sposób zaprzeczam?*
3. *Czego uwielbiam się wypierać?*
4. *Zaprzeczanie - Nawet Nie Wiem, Że Kłamię*
5. *Jakie pozytywne nauki płyną z tego zaprzeczenia?*
6. *Zapisz dziesięć rzeczy, o których wiesz, że im zaprzeczasz.*
7. *Zapisz dziesięć rzeczy, o których nie chcesz wiedzieć, a o których wiesz, że wiesz.*

Pamiętaj, że kiedy zaczniesz kwestionować te mechanizmy obronne, spodziewaj się, że poczujesz się niekomfortowo. To tak, jakbyś nazywał coś, co nigdy wcześniej nie zostało nazwane. To normalne. Zaufaj temu procesowi.

Obrona: Stawiać opór.

Obrona to sposób na zabezpieczenie się przed krzywdą lub niebezpieczeństwem. To wrodzony mechanizm. Nie zawsze jest to coś złego. Pomyśl o tym, że ktoś jest na Ciebie zły. Pierwszą reakcją jest obrona, prawda? Ale kiedy wszystko jest winą innych, albo musisz się bronić przed kimś, kto wychodzi zza rogu i zabija Cię przez cały czas - cóż, wtedy staje się to większym problemem. Cały czas żyjesz na straży, zawsze z czymś walczysz. Możesz bronić swojego punktu widzenia, osądów na swój temat, podjętej decyzji lub kogoś w swoim życiu. Lub kogoś, kto był w Twoim życiu, na przykład rodzica lub dziecka. Nieustannie stawiasz mury lub bariery przed kimś lub czymś - mentalnie, emocjonalnie, psychicznie lub fizycznie. Za każdym razem, gdy coś wydaje się, pachnie lub smakuje, jakby ktoś Cię zranił - na przykład dlatego, że Twój chłopak zerwał z Tobą w wieku jedenastu lat, a ty wciąż masz z tym do czynienia i nosisz to ze sobą przy każdym zerwaniu - bronisz się przed odczuwaniem pierwotnego bólu, a także każdego innego od tego momentu.

Druga strona jest taka, że broniąc się w ten sposób, bronisz się również przed nadejściem czegokolwiek dobrego. Po prostu nie zdajesz sobie z tego sprawy. W przypadku czterech D nie ma linii na piasku, która mówi: "To jest dobre... To jest złe. Zatrzymaj to, co dobre. Trzymaj się z dala od złego". Wszystko jest pomieszane i nosisz to na sobie. Oto kilka pytań, które warto sobie zadać:

1. *Czego bronię?*
2. *Kogo bronię?*
3. *W jaki sposób bronię za lub przeciw czemuś?*
4. *Jaka jest wartość obrony?*
5. *Co kocham w bronieniu się? Walkę? Konflikt? Adrenalinę?*
6. *Czego się uczę, kiedy się bronię?*

Kiedy zaprzeczasz lub bronisz się przed czymkolwiek, tracisz perspektywę. Oddajesz swoją moc. Jeśli ciągle czujesz się bezsilny, to prawdopodobnie z tego powodu - nawet jeśli myślisz, że chodzi o sytuację zewnętrzną. Tak nie jest. Zewnętrzna rzeczywistość jest po prostu tym, co puka do Twojej klatki i pyta: "Czy jesteś gotowy, aby to zmienić? Czy zamierzasz jeszcze posiadać swoją moc? A może wolisz cierpieć?".

Odłączanie: Oddzielić się lub wycofać.

Za każdym razem, gdy dzieje się coś, co Ci się nie podoba, odłączasz się. Wypychasz rzeczy ze swojej świadomości lub dystansujesz się, aby zapewnić sobie bezpieczeństwo lub komfort. W jakiś sposób oddzielasz się od tego. Możesz odłączać się od bólu lub odczuć w ciele, od innych ludzi, od wspomnień lub od czegokolwiek lub kogokolwiek, kogo przypisałeś jako przyczynę nadużycia - w tym od samego siebie. Możesz też odłączać się od swoich marzeń, celów lub pragnień.

Odłączenie się mówi: "Nie chcę mieć z tym do czynienia", w przeciwieństwie do obrony lub zaprzeczania. Broniąc się, reagujesz na kogoś lub coś. Walczysz. Zaprzeczając, mówisz: "Nie, to się nie wydarzyło".

Pytania, które należy zadać:

1. Kiedy się rozłączam, uczę się...?
2. Czego unikam uznając za prawdziwe?
3. Kogo postrzegam jako kogoś innego niż jest naprawdę, zamiast stawić czoła temu, kim naprawdę jest?
4. Co wciąż odkładam i odsuwam na bok, zamiast stawić temu czoła?
5. Co się stanie, jeśli pochylę się nad tym?

Dysocjacja: Wyłączyć się, oddzielić lub odłączyć od tego, czego doświadczasz w danej chwili.

[Uwaga: Chociaż jest to bardziej ekstremalne z czterech D, nie mówię tutaj o zaburzeniu osobowości wielorakiej, dysocjacyjnym zaburzeniu tożsamości czy zaburzeniu osobowości borderline].

Jeśli dotarłeś do tego punktu, oznacza to, że masz dobrze znane zaprzeczanie i obronę. Podobnie jak inne D, niekoniecznie jest to zła rzecz. W ten sposób przetrwałeś do tej pory w życiu. Dysocjacja oznacza, że pozostawiłeś część siebie nieuzdrowioną w przeszłości. Część Ciebie wciąż tam jest, co trzyma Cię na uwięzi przeszłości, a nie chwili obecnej, w której się znajdujesz. Jest to strategia stosowana jako próba ucieczki przed intensywnością lub dotkliwością czegoś. Możesz odciąć się od ciała lub intensywnej radości, żalu, smutku lub gniewu.

1. Kiedy czuję, że odpływam w świat fantazji, w którym czuję się, jakbym był osobą postronną w moim życiu, zamiast być ugruntowanym w sobie?
2. Jakie zachowania świadczą o mojej dysocjacji? Zagubienie się w bezsensownej

telewizji na wiele godzin? Odurzanie się alkoholem lub innymi substancjami?

3. Czy czuję się jak obcy w grupie ludzi, gdy są oni zajęci przeżywaniem radości, szczęścia, śmiechu, a nawet smutku, a ja czuję się, jakbym obserwował ich na planie filmowym?

4. Co wybierasz, by się poddać poprzez dysocjację?

PYTANIA, KTÓRE NALEŻY ZADAĆ:

Przez następne jedenaście dni zapisuj i zauważaj jeden moment każdego dnia, w którym zaczynasz, kontynuujesz lub przestajesz się rozłączać.

Czego uczy Cię to działanie lub zachowanie?

Jaką cnotę kultywujesz? Bezpieczeństwo, Odporność, Wybaczanie, Akceptacja, Dobroć, Współczucie.

Zazwyczaj ludzie nieświadomie przechodzą przez cztery D, zaczynając od zaprzeczania: "Och, to przyjemne uczucie". Następną rzeczą, jaką wiesz, jest przejście do obrony i walki, gdzie kłótnia z przyjacielem lub partnerem może wyglądać następująco:

"Nie, chodzi o Ciebie."

"Powiem ci tak..."

"Kiedykolwiek to zrobisz..."

Czy ten rodzaj dialogu brzmi znajomo? Często mówię moim klientom, aby uważali na to, co mówią. Ponieważ po rozpoczęciu zaprzeczania, zanim się zorientujesz, przejdziesz do obrony, a stamtąd albo przejdziesz prosto do dysocjacji, albo przejdziesz do odłączenia, ale zawsze kończy się to dysocjacją. A potem wszystko zaczyna się od nowa. Wracasz do zaprzeczania, ponieważ wydaje Ci się to bezpieczniejsze.

Kiedy badasz rolę tych strategii radzenia sobie w swoim życiu i nieświadome przekonania, które je napędzają, dowiadujesz się, gdzie są Twoje granice, co możesz zrobić, a co jest zdrowe. Odkryjesz, że to, co tworzy chorobę, gaslighting, nieszczęście, lęk i depresję, to porzucenie siebie poprzez strategie czterech D - zaprzeczanie, obronę, odłączanie się i dysocjację. Celem zamknięcia się w klatce jest nieistnienie. Tak, by nie istnieć! Przeczytałeś to dobrze.

ĆWICZENIA

1. Złóż kartkę papieru na pół i napisz cztery D na jednej stronie kartki. Zamknij oczy i na

drugiej stronie kartki papieru zastanów się nad przypadkami, w których wykazałeś się każdym z czterech D w swoim życiu.

2. Sporządź listę osób, miejsc, a nawet rzeczy, których unikasz.

3. W przypadku osób, zastanów się, dlaczego się od nich dystansujesz. Czy inni postrzegają ich w zupełnie inny sposób niż Ty? Czy zdarza Ci się "tłumaczyć" ich zachowanie, gdy inni wyrażają zaniepokojenie tym, jak traktują Ciebie lub innych?

4. W odniesieniu do miejsc, wymień każde z nich i opisz szczegóły swoich przeszłych doświadczeń w tym miejscu. Co wydarzyło się w tym miejscu? Jakie uczucia wywołuje w Tobie to miejsce? Dlaczego unikasz przebywania w tym miejscu?

5. W przypadku rzeczy, sporządź listę rzeczy, które odłożyłeś lub ukryłeś. Może to być przedmiot w domu, biżuteria, zdjęcie. Jakie jest pierwsze wspomnienie związane z tą rzeczą? Co się stało, gdy po raz pierwszy byłeś obecny z tą rzeczą? Czy boisz się pozbyć tej rzeczy? Dlaczego?

6. Przez następny tydzień bądź świadomy, kiedy wpadasz w cztery D. Miej przy sobie notatnik i zapisuj każdą sytuację. Gdzie jesteś? Z kim jesteś? Co robisz? Co czujesz? Jeśli wybierzesz to ćwiczenie, zacznie ono dialog z Twoim ciałem i będziesz na swojej drodze do osiągnięcia równowagi Ciała, Ducha i Duszy.

ROZDZIAŁ 3: CO Z TEGO BĘDZIESZ MIAŁ?

Argumentuj za swoimi ograniczeniami, a z pewnością są one Twoje.

Richard Bach

Klatka, osądy, cztery D - to wszystko są mechanizmy radzenia sobie zaprojektowane (jakkolwiek nieświadomie) w celu odrętwienia od świata zewnętrznego. Ale odrętwienie nie jest selektywne. Służy również do odrętwienia od doświadczenia *siebie* i tego, kim naprawdę jesteś jako dar na świecie.

Sednem tego jest *strach*, który Cię znieczula: strach przed byciem widzianym, przed byciem odsłoniętym, strach przed stworzeniem idei, którą kochasz. Strach popycha Cię do działania, w którym zawsze płyniesz pod prąd, a wszystko dlatego, że wierzysz w kłamstwa fałszywego ja. To właśnie sprawia, że tak trudno jest stworzyć rzeczywistość, którą naprawdę chcesz mieć - ponieważ musisz stracić swój strach, swoje samoograniczenia, aby to zrobić. Pozostanie przy status quo przynosi pewne korzyści. Całe Twoje dotychczasowe życie opiera się na tych ograniczeniach. To jedyny sposób, w jaki znasz siebie, ramy, których użyłeś do zbudowania swojego zdrowia, ciała, pieniędzy i życia finansowego, pracy i związków (lub ich braku).

To z powodu nieuświadomionych i nierozwiązanych scenariuszy z przeszłości, w których zdecydowałeś, że jesteś czymś, co nawet nie było prawdą o tobie, ale sprawiłeś, że stało się to prawdą o Tobie, a potem stało się Tobą. W ten sposób prowadzisz swoje życie. W ten sposób przyciągasz swoje relacje. W ten sposób przyciągasz swoje pieniądze. W ten sposób przyciągasz swój biznes. Przyciągasz swoje ciało w ten sposób. I przyciągasz to, co "nie dzieje się" w Twoim życiu z tej przestrzeni bycia. Pamiętasz PigPena z kreskówki *Peanuts* autorstwa Charlesa Schultza? Był tym śmierdzącym, który zawsze miał wokół siebie małą chmurkę kurzu. To jest ta sama energia tych systemów przekonań i zawsze wiruje wokół Ciebie, jednocześnie przyciągając to, czego mówisz, że nie chcesz. Twoje pole energetyczne mówi samo za siebie i jesteś tego świadomy!

NIEŚWIADOME KORZYŚCI

Dla większości ludzi myśl, że mogą z tego wszystkiego wyciągnąć coś pozytywnego - jakkolwiek pokręconego - jest zwykle nieco przerażająca. To część zaprzeczania. Zastanówmy się jednak nad niektórymi potencjalnymi korzyściami płynącymi z trzymania się swoich ograniczeń. Czy któreś z nich wyglądają znajomo?

1. Moc
2. Bezpieczeństwo
3. Ochrona
4. Kontrola
5. Samodzielność
6. Spokój
7. Relaks
8. Wolność
9. Uwaga
10. Miłość
11. Zemsta

12. Przestrzeń
13. Oddychać lub mieć oddech
14. Być zaradnym

Kiedy pozbywasz się nieświadomych przekonań i ograniczeń, stajesz się bardziej energetycznie zgodny ze swoimi pragnieniami i zaczynasz podejmować właściwe działania. Otwierasz drzwi do możliwości. Ale większość ludzi uważa, że nie są warci tych możliwości, więc nawet nie otworzą drzwi. To jest Twój młot złożony ze słów - Uwolnij Się - nie będziesz tego żałować!

Dlaczego miałbyś chcieć generować FEAR - STRACH (False Evidence Appearing Real - Fałszywe Dowody Wydające się Prawdziwymi)?
Jest tylko jeden powód: aby ograniczyć się w świecie możliwości, ponieważ na pewnym poziomie możliwości te są nieznane i niepewne. Zamiast więc stawić im czoła i / lub ich postrzeganym konsekwencjom, ograniczasz się i trzymasz w miejscu.

Kiedy pytam ludzi: "Czego się boisz?", często odpowiadają komentarzami typu: "Nie mam pieniędzy", "Zostawię rodzinę i nie będą mnie już kochać", "Nie wiem jak, więc wolę nawet nie szukać". Czasami mówią, że wiąże się to ze "zbyt ciężką pracą". A może cierpią na jakąś chorobę. Jest tak wiele powodów i każdy je ma. "Jestem brzydki. Wstydzę się. Jestem pomyłką". To są "powody", dla których nie udaje im się tworzyć swojego życia. I chociaż w rzeczywistości są to wymówki, zbyt często ludzie decydują się wierzyć, że są one prawdziwe, zamiast tworzyć inną rzeczywistość, rzeczywistość, którą naprawdę chcą mieć. Jeśli to brzmi jak Ty, spróbuj zadać sobie następujące pytania:

Co sprawia, że powód - lub "nieprawda" - jest tak istotny, że wolisz wierzyć w kłamstwo niż tworzyć prawdę?

Jaką funkcję ono pełni i komu służy (zazwyczaj nie tylko tobie)?

Jakie korzyści czerpiesz z jego kontynuowania?

Czego się uczysz?

Co Cię motywuje?

Czego dobrego Cię to uczy?

Czy jesteś dziś z tym kompletny?

Co zrobisz, aby to zmienić?

Kluczem jest tutaj pytanie, a następnie zwracanie uwagi na swoje ciało, ponieważ prawdziwe odpowiedzi przychodzą przez ciało, a nie z głowy. Zarówno słyszysz, jak i czujesz odpowiedź, której często towarzyszy poczucie uwolnienia. Za każdym razem, gdy puszczasz nieświadome przekonanie, stajesz się bardziej zestrojony z obecnością i swoją unikalną duchową sygnaturą. Zaryzykuj zmianę, twoje ciało cię nie zawiedzie.

Wejście polega na tym, by zacząć potrząsać prętami klatki. Niech spadną łzy. Emocje to energia w ruchu. Klatka reprezentuje to, co trzymałeś w swoim ciele, a czego nie byłeś w stanie uwolnić. Możesz stać się świadomy i dostrojony do ciężkości i gęstości tego, co wcześniej było dla Ciebie niewidoczne. Zadawaj sobie pytania takie jak: "Kim byłbym bez moich ograniczeń i jak będę bez nich żył?". Niech Twoje ciało odpowie i zapewni Ci znacznie większe możliwości dla Twojego życia. Trzeba tylko gdzieś zacząć.

.   .   .

Zadaj sobie następujące pytanie:

I zapisz swoją wizję odpowiadając na pytania?

Ty kreujesz swoją Przyszłość!

Jak wyglądałoby Twoje życie bez tych ograniczeń?

Kto jest tam z Tobą?

Co ono obejmuje?

Co dostrzegasz?

Jak to odczuwasz w swoim ciele?

Tym właśnie jest tolerancja - robieniem i robieniem i robieniem, ponieważ potrzebujesz więcej, aby uzyskać ten sam rezultat. W psychologii nazywa się to "teorią zależną od stanu". Oznacza to, że nie możesz zapamiętać, zmienić lub osiągnąć tego, co chcesz osiągnąć, jeśli nie jesteś dokładnie w tym stanie, w którym stworzyłeś problem, podjąłeś decyzje, które teraz są przestarzałe. Dlatego właśnie ludzie myślą: *pozwól mi się napić, aby osiągnąć tę przyjemność lub pozwól mi zażyć narkotyki, aby osiągnąć tę świadomość lub pozostać w toksycznej dynamice degradacji i pozbawienia sił..* Możesz po prostu zapytać swoje ciało i wybrać to, co działa dla was obojga.

W rzeczywistości możesz osiągnąć świadomość, której pragniesz. Możesz pozbyć się wszystkich kłamstw, z którymi żyłeś. I możesz wyrwać się z klatki. Zacznij od ustalenia celów, w których chcesz się zmienić. Wiesz, czy jesteś zrzędą. Wiesz, czy obwiniasz wszystkich za wszystko. Wiesz, czy Twoja sytuacja finansowa uległa zmianie, czy nie. Wiesz, czy jesteś szczęśliwy seksualnie, czy nie. Wiesz, czy jesteś szczęśliwy w swoim ciele, czy nie. Wiesz, czy jesteś szczęśliwy w swoim biznesie, czy nie. Wiesz. Tak, wiesz, ale jeśli nie, to Twoje ciało to wie. Wsłuchaj się.

Wystarczy odwaga, by zmierzyć się z przeszłością. Co jest prawdą dzisiaj? Ludzie tak bardzo się tego boją, ale w rzeczywistości *żyjesz swoją przeszłością w teraźniejszości*. I nie chodzi o to, że się tego boisz - straszniejsze jest to, że na pewnym poziomie czerpiesz z tego korzyści. A może jednak? *To jest twoja prawdziwa klatka.*

ĆWICZENIE: WEWNĄTRZ PRĘTÓW KLATKI

Wyobraź sobie, że stoisz wewnątrz tej klatki, a drzwi są zamknięte i zablokowane. Na klatce znajduje się dwanaście prętów. Każdy z prętów reprezentuje strach lub ograniczenie, którego się trzymasz i które uniemożliwia ci bycie w pełni żywym.

Potnij kawałek papieru na dwanaście długich pasków i na każdym z nich wypisz strach, wiadomość, ograniczenie - cokolwiek, na co pozwalasz swojemu umysłowi i co Cię powstrzymuje. Na odwrocie każdego paska wypisz jedno lub więcej działań, które możesz podjąć, aby pozbyć się tej klatki. Pod koniec tego ćwiczenia możesz zniszczyć lub spalić papiery jako symbol wyrwania się z klatki.

Rzucam ci podwójne wyzwanie. Co masz do stracenia?

ROZDZIAŁ 4: MĄDROŚĆ CIAŁA

Poznanie ciała polega na nauce słuchania swojego ciała, reagowania na nie z życzliwością i budowania z nim relacji, abyś mógł poczuć, że panujesz nad swoim ciałem i żyć tak, jak chcesz.

Holly Bridges

Twoje ciało jest systemem nawigacyjnym, podobnym do GPS. Ale choć zachwycamy się możliwościami technologii, "technologia" naszego własnego ciała jest znacznie większa - zwłaszcza jeśli weźmiemy pod uwagę, że bez intuicji (tutaj) technologia (tam) nie istniałaby. Z pewnością przyznały to niektóre z najwiekszych umysłów świata, od Alberta Einsteina, który powiedział: "Wszystkie wielkie osiągnięcia nauki muszą zaczynać się od wiedzy intuicyjnej". Wierzę w intuicję i inspirację..." do Steve'a Jobsa: "Miej odwagę podążać za swoim sercem i intuicją. One w jakiś sposób już wiedzą, kim naprawdę chcesz się stać. Wszystko inne jest drugorzędne".

ŚWIADOMOŚĆ INTUICYJNA

Gdy Twoje ciało zaczyna bardziej energetycznie zestrajać się z obecnością, zauważysz, że znacznie łatwiej jest uzyskać dostęp do intuicji i świadomości przyszłości. Samo to może być powodem, dla którego wiele osób nieświadomie decyduje się pozostać w swojej klatce. Czasami wydaje się, że ignorancja jest błogosławieństwem i mniejszą odpowiedzialnością. Znana przyszłość może być równie przerażająca jak nieznana dla niewtajemniczonych. Dostęp do intuicji pozwala uniknąć kłopotów.

Intuicja sama w sobie jest subtelna, więc często objawia się w niewielki sposób. Na przykład, tego ranka możesz pomyśleć, że Twój partner jest na ciebie zły, nawet jeśli tak nie jest. Dzień między wami układa się dobrze, ale dwanaście godzin później jest na Ciebie zły. Tego rodzaju "ostrzeżenie" może ułatwić związek znacznie lepiej niż utknięcie w cyklu czterech D i nie zwracanie uwagi lub słuchanie intuicji.

Bycie w komunii ze swoim ciałem to nie to samo, co "praca z ciałem". Mimo że przez lata korzystałam z różnych form "pracy z ciałem" - zarówno dla siebie, jak i pomagając innym - dopiero w ostatnich latach dostroiłam się do swojego ciała. Teraz zdaję sobie sprawę, że zawsze do mnie mówiło, niezależnie od tego, czy słuchałam, czy nie. Dziś różnica polega na tym, że nie tylko ono nadal do mnie mówi, ale ja również rozmawiam z nim każdego dnia. To dwukierunkowa komunikacja.

Kiedyś nie czułam się dobrze w swoim ciele. Czułam się jak robaki pod skórą. Miałam te wszystkie energie innych ludzi w moim ciele i na moim ciele - rzeczywistość innych ludzi. Nie myślałam zbyt wiele o sobie i miałam długą listę osądów na temat tego, kim myślałam, że jestem. Dopiero gdy zdecydowałam się zajrzeć w głąb siebie, odkryłam, że to nie to, co jem, ale to, co zjada mnie. Wierzyłam, że posiadanie ciała jest brzydkie, przyjemność jest wstydliwa, że bycie kobietą oznacza bycie wykorzystywaną. Właśnie takim myśleniem karmiłam swoje ciało, którego nie mogło "strawić", a lustro pokazywało, że ono również nie mogło strawić ani zmetabolizować mojego jedzenia. A kiedy Twoje ciało nie może lub nie trawi tego, czym je karmisz, narasta stan zapalny i może powodować przyrost masy ciała.

W moim przypadku było to oddzielenie umysłu od ciała i dopiero gdy zaczęłam pytać i słuchać swojego ciała, zaczęło się to zmieniać. *Co ten ból chce powiedzieć? Do kogo należy ten ból? Jaką decyzję podjąłem? Do jakich wniosków doszedłem? W jaki sposób żyłem i kształtowałem swoje życie zgodnie z tymi decyzjami i wnioskami? Jak ukształtowałem swoje ciało zgodnie z tymi decyzjami i wnioskami?* Ponieważ jeśli myślisz, że jesteś zły, zły, zły, okropny, wstydliwy, okropny lub brzydki Twoje ciało może odzwierciedlać te rzeczy w sposobie, w jaki wygląda, kształtuje, formuje i czuje.

Dlatego nazywam je ciałem zmiany, ciałem możliwości. Kiedy zmieniasz swoją percepcję, Twoje ciało zmienia się, aby dopasować się do Twojej percepcji. Ale nie dzieje się to przez przypadek. Uwalniasz je poprzez zaangażowanie i wybór bycia dobrym przyjacielem dla siebie, bycia ekspansją z kontra kontra kontra. Wtedy Twoje ciało jest twoim przyjacielem, wehikułem, przez który przeżywasz swoje życie, aktywnie współpracując z Tobą na rzecz tego, co jest najbardziej ekspansywne dla Twoich największych pragnień, dla tego, co sprawia, że Twoje serce śpiewa. Nawiązujesz nową relację z samym sobą. Czujesz się dobrze osobiście i zawodowo i, niczym supermocarz, wkraczasz do akcji, aby tworzyć swoje życie z zabawą i łatwością oraz radością życia.

Jest to obietnica i moc tworzenia dialogu i otwierania linii komunikacyjnych z ciałem, ponieważ zarówno problem, jak i rezultat istnieją w komunikacji, w historii, którą sobie opowiadasz. Kiedy zmieniasz historię, zmieniasz rezultat.

Kiedy jesteś pełen problemów, nie ma miejsca na nic nowego, nie ma miejsca na rozwiązanie. Więc kiedy tylko możesz, zrób trochę miejsca, zrób trochę przestrzeni...

ECKHART TOLLE, POTĘGA CHWILI OBECNEJ

Nasze ciała są zdolne do zmiany i wystarczy tylko jeden wybór, aby ją wywołać, a jest nim bycie w komunii - w rozmowie - ze swoim ciałem. I nie musi to być "wielki" wybór.

ZMIANA O JEDEN STOPIEŃ

Nasz język można znaleźć w każdej nici i włóknie naszej rzeczywistości. Zmieniając jedno słowo w sobie rozszerzamy, kurczymy lub zmieniamy naszą Świadomość i naszą rzeczywistość. Myśli i rozmowy pokoleń przed nami są nieruchome i rezonują jako prawdziwe i realne w naszym życiu.

Robert Tennyson Stevens

Jeśli jesteś gotów poczuć tylko jedno uczucie, którego wcześniej nie czułeś w związku z konkretną sytuacją w swoim życiu - z ojcem, matką, szefem, współmałżonkiem lub kimkolwiek innym - jest to zmiana o jeden stopień. Jeśli jesteś gotów opisać słowami jedną rzecz, którą wiesz, a o której nawet nie wiedziałeś, to jest to zmiana o jeden stopień.

Za każdym razem, gdy pracuję z klientami, pytam ich: "Jaka jest Twoja zmiana o jeden stopień w tej chwili? Jaka jest Twoja intencja po zakończeniu tej sesji?". W pewnym momencie zmiana o jeden stopień dla mnie brzmiała: "Bez względu na wszystko, dzisiaj zamierzam się uszczęśliwić. I będę wdzięczna za wszystko". W tamtym czasie nie wiedziałam, jak być szczęśliwą lub wdzięczną za cokolwiek, więc zdecydowałam, że to będzie moja zmiana o jeden stopień. Nieważne, co się stało. Nawet jeśli to było gówniane, miałam być za to wdzięczna.

Innym razem moja zmiana o jeden stopień brzmiała: "Bez względu na wszystko, będę codziennie wychodzić z domu i spacerować przez trzydzieści minut. Będę odmierzać czas w telefonie i nie będę załatwiać żadnych spraw". Wkrótce moje trzydzieści minut stało się godziną, a potem godzina stała się półtorej godziny. A potem nie chciałam wracać do pracy, ale kiedy już poszłam, jeśli musiałam wrócić do pracy, zawsze było lepiej, bo miałam przestrzeń. To właśnie robi zmiana o jeden stopień. Daje Ci przestrzeń. Kiedy usuniesz przekonania takie jak *"jestem pomyłką"*, *"jestem niekochany"*, *"wstydzę się"*, *"jestem nikim"*, *"jestem oszustem"* ze swojej świadomości komórkowej w ciele, poczujesz się lżej i swobodniej. To zmiana o jeden stopień.

Co byłoby dla Ciebie zmianą o jeden stopień? Może to być tak proste, jak zmierzenie się z czymś z przeszłości (powiedziałem *proste*, nie *łatwe*). Lub może to być rozpoznanie, jak bardzo czujesz się poza kontrolą. Umieść to w swoim świecie. Możesz powiedzieć to na głos lub wyszeptać do siebie. Następnie zapisz to. Niech stanie się to rzeczywistością.

CZYM JEST DLA MNIE ZMIANA O JEDEN STOPIEŃ?

Oto lista pomysłów na rozpoczęcie dnia z energią, jaką daje jednostopniowa zmiana:

- Każdego ranka zobowiązuj się do zapisania zmiany o jeden stopień na dany dzień.
- Miej dokument przyDziś jedną z wdzięczności jest... sobie i czytaj go na głos kilka razy dziennie. (Do tego ćwiczenia dobrze nadają się karty indeksowe).
- Kontynuuj dążenie do zmiany o jeden stopień każdego dnia.
- *Dzisiaj moja zmiana o jeden stopień...*
- *Dziś jedną z wdzięczności jest...*
- *Dziś jedną z akcji jest...*
- *Zmiana o jeden stopień to dla mnie...*

CIAŁO JAKO PRZYJACIEL

Pamiętaj, że Rzymu nie zbudowano w jeden dzień, podobnie jak systemów przekonań. Jeśli miałeś jakąś historię przez trzydzieści lat, prawdopodobnie nie odpuścisz jej za jednym zamachem. Bądź cierpliwy wobec siebie i cierpliwy wobec pracy. Jedną rzeczą, na którą możesz liczyć, jest to, że Twoje ciało powie Ci prawdę i wyprowadzi Cię z bałaganu w Twoim życiu. Ktoś niedawno podzielił się ze mną następującą informacją:

Twoje ciało jest Twoim intymnym przyjacielem, najlepszym przyjacielem, który nigdy Cię nie okłamał i nigdy nie okłamie. Rozważ te cechy charakterystyczne:

Twoje Ciało:

- *jest niezachwiane w swoim zaangażowaniu i istnieje tylko po to, aby wspierać Cię w realizacji Twojego najwyższego celu.*
- *nigdy Ci się nie znudzi, bez względu na to, jak je potraktujesz.*
- *daje Ci niesamowitą informację zwrotną, "obrazując" i odzwierciedlając stan Twojego umysłu, bez osądzania.*
- *reaguje na każde Twoje polecenie.*

- *to Twój projekt, Twoje dzieło, Twój dar dla świata.*
- *nigdy nie sprowadzi Cię na manowce, ani na chwilę.*
- *to czyste oddanie na zawołanie.*

Często ludzie nie chcą wchodzić w swoje ciało, ponieważ jeśli to zrobią, będą pamiętać przeszłość, ponieważ ich ciało pamięta wszystko. To umysł nie pamięta. Twój umysł nie chce pamiętać. Ale ciało pamięta wszystko. Pewna kobieta, z którą pracowałam na warsztatach, była tak nieugięta, że pozostawała w swojej głowie, bez względu na to, ile razy prosiłam jej ciało o właściwą odpowiedź. Powtarzała, że jest "ekspansywna", że to jej ciało, ale ja mogłam powiedzieć, że odpowiadała z głowy. W końcu otworzyła się na swoje ciało. Nie opierała się celowo - to było nieświadome. Bycie w swoim ciele było bolesne, ponieważ ucieleśniała przekonanie o byciu brzydką. Chciała uniknąć zranienia i wolała być w przyszłości lub w swoim umyśle niż w teraźniejszości.

W rzeczywistości, choć może się to wydawać przerażające, sam strach jest generowany przez Twój umysł i reprezentuje tylko około dziesięciu procent Ciebie. Tak więc poruszanie się po takim doświadczeniu polega tak naprawdę na przejściu od skupienia się tylko na tej dziesięcioprocentowej części Ciebie -

Twoim umyśle - do dziewięćdziesięciu procent Ciebie, które jest Twoim ciałem.

Uczucia przybliżą Cię do prawdy o tym, kim jesteś, bardziej niż myślenie.

Eckhart Tolle

Twoje ciało jest darem. Jest możliwością. Nie jest jakimś martwym płaszczem, który nosisz ze sobą. I przemówi do Ciebie, jeśli na to pozwolisz. Ale najpierw musisz go posłuchać, a nie tego, co mówią inni.

Ponieważ jeśli skupisz się na swoim ciele, wszystko się zmieni. Zadaj sobie pytanie: *Czego jestem świadomy, czego nie zmieniłem, a co moje ciało chciałoby zmienić? Co przyniosłoby mi więcej spokoju?* Następnie słuchaj. I słuchaj energii, a nie tylko odpowiedzi.

Patrząc wstecz, widzę, że to energia miłości, przestrzeni i dobrego samopoczucia, a nie autodestrukcyjne myśli lub samosabotujące przekonania, zmieniły wszystko w sposobie, w jaki patrzę na życie od wewnątrz i na zewnątrz. Nasze ciało jest zmysłowym organizmem komunikacyjnym - wszystko, co wyraża, jest komunikacją czegoś. Pytanie brzmi, co dokładnie mówi Ci Twoje ciało? Jednym ze sposobów, aby to sprawdzić, jest zauważenie, jak *rozszerzasz się lub kurczysz*, gdy pojawia się myśl. Więc zadaj sobie teraz pytanie, *Ciało, czy jesteś teraz szczęśliwe?* Co odczuwasz? Rozszerzanie się czy kurczenie?

TAK LUB NIE

Pomyśl o swoim ciele jako o swego rodzaju "medytacji sensorycznej". Możesz użyć swojego ciała, aby dostroić się do informacji, których potrzebujesz i które możesz przeoczyć, aby podejmować decyzje. Na przykład, prowadzę międzynarodowy biznes i sprawdzam swoje ciało, aby wiedzieć, na których obszarach najlepiej się skupić. *Czy powinienem skupić się teraz na Turcji, Holandii czy Hiszpanii?* Jeśli odczuwam ból lub napięcie w ciele albo mam konflikt w związku, pierwszą rzeczą, jaką zadaję swojemu ciału, są takie pytania:

1. *Czego nie chciałem być świadomy?*
2. *Co odpuściłem?*
3. *Gdzie moja uwaga jest teraz potrzebna?*

4. *Jak udało mi się to dostrzec i nie zwrócić na to uwagi?*

Twoje ciało jako wrodzony system naprowadzania nie zawiedzie Cię. Będzie się z Tobą komunikować i ma szczególny sposób udzielania odpowiedzi na Twoje pytania, sposób, w jaki mówi Ci "Tak" lub "Nie". Ciało nie mówi "być może". Ogólnie rzecz biorąc, "Tak" będzie odczuwane jako ekspansywne, a "Nie" jako kurczące się w jakiejś części ciała lub ogólnie. Każda osoba musi odkryć i kultywować swój własny unikalny system "przesyłania wiadomości". Dowiedz się, czym jest "Tak" w Twoim ciele, a czym "Nie". Zazwyczaj będziesz odczuwać jakieś uczucie w swoim ciele i będzie ono miało opis. Na przykład, możesz czuć napięcie w żołądku. Może być z nim związany jakiś kolor. A może czujesz to w głowie lub sercu. Kiedy zaczniesz stawać się bardziej połączony i świadomy swojego ciała, możesz zdać sobie sprawę, że przez większość swojego życia żyłeś w stanie skurczu. Wielkim przełącznikiem jest przebudzenie się, abyś mógł zacząć żyć w ekspansji i możliwościach.

Prosty Start:

Wypowiedz swoje imię na głos.

"Nazywam się..."

Zauważ, gdzie wyczuwasz tę wiedzę w swoim ciele?

To jest Twoje "tak".

Teraz powiedz: "Jestem żabą".

Zauważ, gdzie Twoje ciało reaguje?

To jest Twoje "Nie".

Baw się tym codziennie.

Witaj w swoim prawdziwym systemie nawigacyjnym - swoim ciele!

Twoje życie nie staje się lepsze przez przypadek, ale przez zmianę.

Jim Rohn

Gdy ewoluujesz i zmieniasz się, Twoje "Tak" i "Nie" również się zmieniają. Czasami są to ludzie, których przyciągasz do swojego życia, rodzaj ubrań, które nosisz lub czynności, w które się angażujesz. Rzeczy, którym teraz mówię "tak", są zupełnie inne niż na przykład wtedy, gdy piłem alkohol. A to, czemu mówię teraz "nie", jest inne, ponieważ istnieje synergia z tym, dokąd zmierzam. Mam inne cele pragnień i tego, co urzeczywistniam. Wcześniej po prostu próbowałam nawigować przez wszystkie sposoby, w jakie identyfikowałam się ze światem i przekonaniami, które nosiłam, a które nie były zgodne z moim odciskiem duszy.

Kiedy żyjesz oddzielony i fragmentaryczny od swojego ciała, wszystko jest oddzielone i fragmentaryczne. Tak więc, na przykład, jeśli próbujesz stworzyć coś w swoim biznesie, może to zaowocować, ale będzie to trudne. Będzie za późno, w pośpiechu lub w inny sposób. Gdy staniesz się bardziej zgodny ze swoim odciskiem duszy, przyciągniesz różnych ludzi, których wcześniej nie mogłeś przyciągnąć, ponieważ byłeś tak rozdrobniony. Mamy tendencję do przyciągania ludzi na poziomie lub poniżej poziomu naszej własnej fragmentacji lub odłączenia. Energie pasują do naszych zmagań i w rezultacie właśnie to się pojawia.

WRAŻLIWOŚĆ NA OTACZAJĄCY ŚWIAT

Nasze ciała są niezwykle wrażliwe na otaczający nas świat i przenosimy energię innych ludzi na własne ciało, nie zdając sobie z tego sprawy. Ale możesz stać się świadomy w każdej chwili, gdy zdecydujesz się zatrzymać i zapytać. Ile razy obudziłeś się naprawdę zmęczony i w złym nastroju, mimo że poszedłeś spać i spałeś dobrze? O co chodziło? Jest to z czymś związane. Czego jesteś świadomy? Kto przychodzi Ci teraz do głowy, gdy o tym myślisz?

Na moich warsztatach uczę wielu technik uzdrawiania energetycznego, aby pomóc ludziom oczyścić i rozproszyć te energie, co daje im dużą ulgę. Co ważniejsze, uczą się, jak uświadomić sobie te połączenia. Jedna osoba obudziła się z migreną, bólem szyi i bólem pleców. Byliśmy w stanie dotrzeć do całej sytuacji po prostu zadając takie pytania:

- *Kogo jesteś świadomy?*
- *Gdyby ból mógł mówić, co by powiedział?*
- *Czyim bólem jesteś?*

Nie wszystko, czego doświadczasz, jest zakorzenione w przeszłości. Im więcej pracujesz nad oczyszczeniem swojej przeszłości i wpływu, jaki ma ona na Twoją teraźniejszość, tym bardziej możesz odbierać energie na świecie. To, co czujesz, może być związane z kimś, kogo znasz, lub możesz czuć się jak dziecko cierpiące w Arabii Saudyjskiej. Robimy to, ponieważ jako ludzie jesteśmy istotami energetycznymi i molekularnymi organizmami sensorycznymi połączonymi ze wszystkimi i wszystkim.

Jesteśmy jednością na poziomie kosmicznym. Zamiast pytać, dlaczego tak jest, korzystniej jest skupić się na pytaniu: "Co mogę zrobić z tą energią teraz, gdy wiem, że nie jest moja?". Istnieje wiele sposobów na pozbycie się energii. Możesz oddać ją ziemi, wysłać ją do światła, wysłać jej miłość, paść na kolana i modlić się lub wybić ją na worku. Chodzi o to, aby nauczyć się rozróżniać między tym, co jest Twoje, a tym, co należy do kogoś innego. Jako dziecko myślisz, że wszystko, co myślisz i czujesz, jest Twoje, podczas gdy jako wysoce wrażliwa, połączona istota masz do czynienia nie tylko z matką, ojcem, braćmi i siostrami, ciotkami i wujkami, nauczycielami... i Bóg wie kim jeszcze w danym momencie.

ĆWICZENIE: (SUGERUJĘ WYKONYWANIE TEGO TRZY RAZY DZIENNIE PRZEZ 21 DNI)

1. Wypisz wiadomości, które masz na temat własnego ciała. Celem jest wyrzucenie tych komunikatów z głowy i zapisanie ich na papierze. Aby pomóc Ci w tym ćwiczeniu,

pomocne może być zastanowienie się nad negatywnymi komentarzami, które kierujesz do siebie w swojej głowie. Napisz teraz dziesięć przekonań lub zwrotów na swój temat.

2. Zastanów się nad swoim ciałem fizycznym. Czy je kochasz? Za co je krytykujesz? Wagę? Wygląd? Sposób poruszania się? Napisz teraz dziesięć krytycznych uwag na temat swojego ciała. Uwaga: mogą być takie same/podobne jak powyżej.

3. Jakie "dolegliwości" odczuwasz w swoim ciele? Czy jesteś podatny na choroby? Czy odczuwasz ciągłe bóle? Czy często odczuwasz bóle brzucha? Czy zdarza Ci się wstrzymywać oddech? Kiedy i dlaczego? Wypisz teraz dziesięć dolegliwości lub dyskomfortów w swoim ciele.

4. Zamknij oczy.

5. Połóż jedną rękę na grasicy (centrum serca), a drugą na kości łonowej (podbrzusze).

6. Opuść szczękę i oddychaj przez usta trzy razy.

7. Teraz chwyć energię swoimi psychicznymi dłońmi, możesz też użyć swoich rzeczywistych dłoni i podrzucić ją...

8. Pięć razy w dół do ziemi.

9. W górę do nieba pięć razy.

10. Pięć razy przed siebie.

11. Teraz oddychaj ponownie przez usta trzy razy.

12. Rozszerz się i dotknij czterech rogów pokoju, w którym się znajdujesz, dłońmi na grasicy i kości publicznej, czując stopy na podłodze.

13. Rozszerz się do czterech rogów miasta, w którym się znajdujesz.

14. Rozszerz się do czterech rogów stanu, w którym się znajdujesz.

15. Rozwiń do czterech rogów kraju, w którym się znajdujesz.

16. Rozszerz na cztery strony świata, tak jakby istniały cztery strony świata.

17. Rozszerz do czterech rogów wszechświata, jeśli takie istnieją.

18. Zauważyłeś różnicę? Co nowego?

19. Zapisz to i/lub powiedz poniższe z rękami nadal na grasicy i kości łonowej:

20. Zmieniłem się!

21. Wiem, że się zmieniłem!

22. Wiem, że się zmieniłem, ponieważ...

ROZDZIAŁ 5: UZDRAWIANIE ROZŁĄCZENIA

Ludzie mają teraz szansę na przejście od życia opartego na strachu i napędzanego adrenaliną do życia inteligentnego angażującego całe ciało. Inteligencja ciała poszerza naszą perspektywę poza strach i skupia się na bogatej, trwającej tysiąclecia mądrości, którą nosimy w naszych komórkach.

Gay Hendricks

Zaufanie sobie i mądrości swojego ciała może przyjść tylko wtedy, gdy pozwolisz sobie przestać być we wszechświecie wszystkich innych i oceniać siebie oczami wszystkich innych. Nie musisz uzasadniać swojej wartości.

Przez długi czas czułam potrzebę mówienia ludziom, w co jestem zaangażowana lub jakie certyfikaty otrzymałam, a wynikało to z tego, co dałoby mi akceptację, co dałoby mi awans, co dałoby mi wygląd, że mam rację, jestem dobry lub lepszy. Dopiero gdy byłam w stanie przestać patrzeć z perspektywy innych, odnalazłam swoją własną. I nie stało się to z dnia na dzień, ale zaczęło się od tej chwili przy komputerze, kiedy rozmawiałam ze swoim ciałem.

Zaczęłam badać i pielęgnować moje relacje w inny sposób, skupiając się najpierw na relacjach osobistych, tych "na zewnątrz". Następnie intensywnie przyjrzałam się moim "wewnętrznym" relacjom: relacji z samym sobą, relacji z moim zdrowiem, relacji mojej firmy z pieniędzmi oraz moim osobistym finansom i relacji z pieniędzmi. Zanurzyłam się: czy jestem szczęśliwa? Nic dziwnego, że odkryłam, że nie jestem szczęśliwa. I nie byłam zadowolona z tego, co tworzyłam i jak tworzyłam.

Jeśli jesteś kimś, kto jest nieszczęśliwy, ale nie przyznał się do tego i zrobił wszystko, co w jego mocy, aby zignorować powód, masz wielu kompanów.

Samozadowolenie ma swoje zalety, przynajmniej do czasu, gdy w życiu pojawi się coś, co wstrząśnie naszą klatką. Dobrym przykładem jest rok 2020, w którym mieliśmy ogólnoświatową pandemię, która zmusiła ludzi do pozostania w domach. Utknęliśmy w domu z ludźmi, z którymi mieszkamy. W takich okolicznościach dość trudno jest zignorować to, jak oni są z tobą i jak ty jesteś z nimi... lub jak jesteś ze swoim ciałem i jak Twoje ciało jest z Tobą... lub jak jesteś ze swoimi przyjaciółmi, a tak naprawdę, czy oni naprawdę są przyjaciółmi? Nagle nie możesz ignorować tego, co pojawia się na Twoim koncie bankowym, a co nie. Nie możesz ignorować koszmarów, w których wcześniej mogłeś odepchnąć złe uczucia, będąc zajętym, robiąc i unikając. Nie możesz ignorować frustracji, jaką odczuwasz w stosunku do swojej matki lub ojca, ani bólu i dewastacji, które odczuwasz, ponieważ ich już tu nie ma i jak to wpłynęło na Twoje życie.

Ale jeśli chcesz zmienić swoje życie, nie możesz dłużej polegać na tych przeszłych sytuacjach ani ich tolerować. W tej pracy chodzi o to, że "nie podoba mi się moje życie i chcę je zmienić". Być może podoba Ci się część Twojego życia, ale musisz być bezwzględnie szczery, aby skonfrontować się i stworzyć jakąkolwiek część swojej rzeczywistości inaczej.

Odpowiedz na te pytania:

- *Nazwij część swojego życia, której nie lubisz i zobowiąż się do zrobienia wszystkiego, by ją zmienić!*
- *Nazwij część swojego zachowania, której nie lubisz i zobowiąż się do zrobienia wszystkiego, co konieczne, aby ją zmienić!*
- *Dokonaj wyboru już teraz. Wypowiedz go na głos.*
- *Wybieram...*
- *Co teraz zrobisz, by podążyć za swoim wyborem? Nie ma znaczenia, co to będzie. Najważniejsze jest to, że jest to działanie.*
- *Robię...*
- *Nazwij wdzięczność, którą masz teraz...*
- *Jestem wdzięczny, ponieważ...*
- *Jestem wdzięczny za...*
- *Jestem wdzięczny za...*
- *Teraz zauważ swoje ciało...*
- *Przywitaj się...*
- *Przytul się.*
- *Powiedz: "Kocham cię".*
- *Powiedz: "Dziękuję, Ciało".*
- *A teraz bądź wspaniały.*
- *I nadal BĄDŹ sobą!*

. . .

Kiedy dowiedziałam się, że mam alergię na alkohol i podjęłam decyzję o zaprzestaniu picia, musiałem nauczyć się żyć bez tej kuli każdego dnia. To rozwiązanie zostało zastąpione codziennymi 1° Shifts™. Teraz pojawiła się przestrzeń, by zobaczyć rzeczy, które mogłyby być lepsze. Wcześniej chciałam po prostu wypić drinka i nic z tego nie widzieć. Nie tęskniłam za alkoholem - ale nie chciałam też przegapić mojego życia, odpowiedzialności, kontroli i tworzenia mojej rzeczywistości. To pragnienie doprowadziło mnie do znalezienia lub opracowania narzędzi i technik, które pomogły mi uciec z klatki i błędnego koła czterech D.

NARZĘDZIA I TECHNIKI POZWALAJĄCE UWOLNIĆ SIĘ Z KLATKI

1. TECHNIKA ROAR®

Technika Roar® to somatyczna technika usuwania traumy z przeszłości werbalnie, energetycznie i somatycznie. Usuwa ograniczenia, te nieświadome przekonania, o których nie wiesz, że przez nie żyjesz. Jest to narzędzie, którego możesz używać każdego dnia swojego życia, jeśli chcesz, aby uwolnić się od bólu. Lubię używać analogii do samoczyszczącego się piekarnika - nie musisz czekać, aż ktoś zrobi to za Ciebie. Czasami mówię moim klientom, że mogą po prostu wejść do łazienki, popracować nad techniką i bum, wyjść z łazienki, wrócić do pracy i zachować swoją pracę. I czasami, co zaskakujące, robią to.

Krótka wersja Techniki Roar® brzmi następująco:

1. *Jaka jest obecna sytuacja?*
2. *Do czego to prowadzi?*
3. *Z czym jest to związane?*
4. *O mój Boże, właśnie to postanowiłem - to jest system przekonań.*
5. *Nie chcę tego teraz robić. Jak mogę to zmienić?*
6. *Za co jesteś wdzięczny?*
7. *Podejmij działanie - wykonaj 1° Shift™.*

Im częściej wykonujesz tę pracę, tym bardziej staje się ona zinternalizowana, tak że ostatecznie, gdy pojawia się ból, wystarczy zadać tylko jedno pytanie, takie jak: "Ciało, co próbujesz mi powiedzieć?". Następnie wypuszczasz swoje emocje z klatki. Pamiętaj, że emocje to energia w ruchu, więc nie ma potrzeby zaciągania hamulców, utrzymywania sztywnego i napiętego ciała lub przechodzenia do czterech

D (zaprzeczanie, obrona, odłączanie się, dysocjacja) i próbowania zignorowania całej sprawy. Celem jest nauczenie się, jak pozostać w teraźniejszości.

„Łatwo jest pozostać obecnym jako obserwator swojego umysłu, gdy jesteś głęboko zakorzeniony w swoim ciele. Bez względu na to, co wydarzy się na zewnątrz, nic już nie będzie w stanie tobą wstrząsnąć.

Eckhart Tolle

2. CZTERY E I CZTERY C

Podobnie jak pisklę, które wisi w gnieździe i jest gotowe do odlotu, czasami musimy znaleźć swoje skrzydła, aby ułatwić sobie lot ku wolności. Jest to rola czterech E (embracing, examining, embodying, and expanding - obejmowanie, badanie, ucieleśnianie i rozszerzanie) oraz czterech C (choosing, committing, collaborating with the universe, and creating - wybór, zaangażowanie, współpraca z wszechświatem i tworzenie). Jak w pięknym tańcu, najpierw jedno prowadzi, a potem drugie, aby pomóc ci wyrwać się z cyklu czterech D (patrz rozdział drugi).

Najpierw wyjaśnię, co oznacza każde z czterech E, a następnie cztery C, a następnie podam przykład tego, jak to wszystko działa i może płynąć razem, aby przenieść cię z klatki do wolności tworzenia.

CZTERY E

OBEJMOWANIE POLEGA NA UZNANIU OBECNOŚCI CZEGOŚ I BYCIU Z TYM.

Bez względu na to, co się dzieje, jesteś gotowy stawić temu czoła i poczuć to. Przyjmujesz to i pozwalasz, by było w Twojej świadomości, bez osądzania. Jest to forma akceptacji tego, co się dzieje i co czujesz w swoim

ciele w tej chwili. To rygorystyczna szczerość, otwartość i chęć poznania swojej prawdy oraz łatwego życia według niej. Dla mnie osobiście była to najgłębsza, najbogatsza i najcięższa praca. Więc teraz warto.

Wymień jedną rzecz, której obecnie nie chcesz OBJĄĆ.

BADANIE POLEGA NA ZADAWANIU PYTAŃ I UZYSKIWANIU WIĘKSZEJ ŚWIADOMOŚCI NA TEMAT TEGO, CO SIĘ DZIEJE I CO TRZEBA ZROBIĆ, ABY TO ZMIENIĆ.

Jest to eksploracja tego, co Twoje ciało odczuwa w danym momencie - głębokie zanurzenie się w dociekaniu, nie pozostawiając kamienia na kamieniu. Jesteś gotów słuchać i otrzymać odpowiedź.

Nazwij świadomość z tego, co teraz BADASZ.

UCIELEŚNIENIE OZNACZA WŁĄCZENIE LUB NADANIE FORMY LUB WIDOCZNEGO WYRAZU CZEMUŚ.

Chodzi o włączenie prawdy o Tobie i wejście w komunię ze swoim ciałem. To miejsce, w którym możliwość bycia sobą jest raczej wyborem niż tylko nadzieją czy marzeniem. To otwarcie się na nową rzeczywistość, w którą zaczynasz się wkraczać. Czujesz się lepiej, lżej i mniej gęsto.

Nazwij to, co według ciebie UCIELEŚNIA się w tej chwili.

ROZSZERZANIE POLEGA NA WYBIERANIU - WYBIERANIU ZAJMOWANIA PRZESTRZENI, W KTÓREJ MOŻESZ W PEŁNI ŻYĆ I BYĆ.

Nie jesteś już w klatce. Rozszerzając swoją energię jako przestrzeń, dajesz swojemu ciału to, czego potrzebuje, aby czuć się swobodnie. Zamiast kurczyć się z powrotem do klatki, rozszerzasz się i domagasz się swojej przestrzeni jako istota, która decyduje się żyć swobodnie. Stajesz się świadomy, że istniejesz i że masz wybór, aby wybrać radykalną żywotność. Ta zmiana o jeden stopień w kółko tworzy życie, o którym zawsze wiedziałeś, że jest możliwe w rzeczywistości, a nie w myśleniu życzeniowym lub fantazjowaniu.

Powiedz, w jaki sposób czujesz, że się teraz ROZWIJASZ.

CZTERY C

Wybieranie jest za każdym razem, gdy wybierasz z lekkości tego, co jest dla Ciebie prawdziwe, dajesz sobie pozwolenie na uznanie tego, co wybierasz, zamiast zmuszać innych ludzi lub

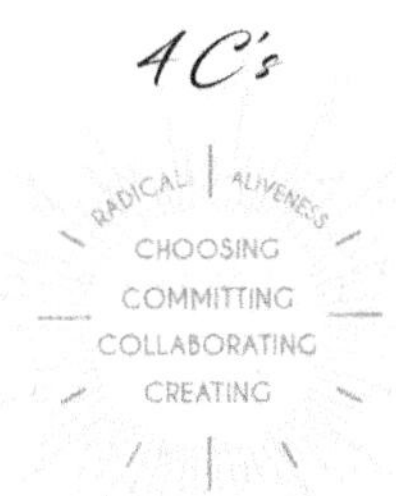

inne czynniki we wszechświecie do dokonywania wyborów w Twoim ciele i życiu. Wybieranie wymaga uznania tego, czego chcesz, nazwania i stwierdzenia, co jest w rzeczywistości Twoim wyborem. Wybór może wymagać odwagi, ponieważ rozpoznajesz swoje własne pragnienia, nawet jeśli są one sprzeczne z innymi wokół ciebie. Wybieranie to kochanie siebie.

Zobowiązanie to wbicie kołka w ziemię poprzez swoje działania. Mówisz: "Tego właśnie od siebie wymagam. Tego nie będę dłużej tolerować". Zobowiązujesz się do tego poprzez uświadomienie sobie tego i tego, co tutaj robisz. A potem, bez względu na to, co się dzieje, przyjmowanie tego. Zaangażowanie jest działaniem, które następuje po dokonaniu wyboru. Ożywia Twoją istotę, Twoje ciało i aktualizuje istnienie.

Współpraca to wszechświat mówiący: "Woohoo! Teraz mamy coś do zrobienia. Damy Ci to." Współpraca to także bycie z samym sobą. Zmieniasz negatywną rozmowę i nieustannie zachęcasz siebie do podejmowania działań i podążania w kierunku tego, co wybrałeś. Szukasz także ludzi lub sytuacji, które będą wspierać Twój wybór i zaangażowanie w sposób wspierający, otaczając się energią i osobami, które wierzą, że zasługujesz na wybór. Współpraca może również oznaczać świadome unikanie współpracy z ludźmi, którzy nie wspierają Twoich wyborów i którzy próbują stanąć na drodze Twojego zaangażowania i działań. Dystansujesz się od tych ludzi lub uczysz się rozpoznawać, że ich słowa są często fałszywe.

Tworzenie to radykalnie żywe życie. Tworzenie to ten ekspansywny i ożywczy stan, w którym jesteś w strumieniu dokonywania wyborów. Zaangażowałeś się i ustanowiłeś wspierającą sieć współpracy. Teraz rozkoszujesz się wykonywaniem kroków, które sprawiają, że Twoje wybory stają się rzeczywistością w Twoim życiu. Ponieważ pracowałeś nad pierwszymi trzema C, masz przestrzeń w swojej istocie, aby poradzić sobie z zadaniami, a twoja energia koncentruje się na robieniu, a nie na unikaniu. To jest 1° Shift™ w działaniu i jest zaskakująco radosne i wzmacniające.

Ramy czterech E i czterech C mają na celu doprowadzenie cię do punktu wyboru poza miejscem, w którym żyłeś i tworzyłeś, aby wybrać radykalną żywotność dla siebie i poznać ją jako absolutną możliwość. To już nie jest tylko nadzieja. Możesz to poczuć w swoim ciele. A dlaczego? Ponieważ zdecydowałeś się mówić, być szczerym i zobowiązać się do słuchania, do nie zamykania się w swoim gniewie i emocjach. Pozwoliłeś wszechświatowi współpracować i spiskować, aby cię pobłogosławić. Przeszedłeś do świadomego tworzenia. Jest to nowy pozytywny, konstruktywny i wznoszący cykl, w którym chcesz być, zamiast destrukcyjnego cyklu czterech D. Wychodzisz z klatki, wybierając bardziej radykalną żywotność - i to jest miejsce, w którym chcesz pozostać. Żywotność to energia duszy, która drukuje bycie Tobą.

CODZIENNE PRAKTYKI

Twoje ciało wie, kiedy się o nie dba, a robisz to, poświęcając czas dla siebie, dając siebie przede wszystkim. Większość z nas wstaje, bierze filiżankę kawy, bierze prysznic i pędzi za drzwi, aby dbać o świat. Czujemy się zestresowani od samego początku dnia. Twoje ciało naprawdę doceni to, że poświęcasz mu uwagę jak przyjacielowi. Codzienne 1° Shifts™ są jednym ze sposobów, aby to zrobić.

1. STACJA TWORZENIA

Medytacja jest dla nas dobra - udowodniła to nauka. Jednak siedzenie z zamkniętymi oczami i oddychanie przez określony czas nie działa na każdego. Na szczęście istnieje wiele sposobów medytacji. Musisz tylko znaleźć taki, który pasuje do Twojego unikalnego ja. Mam poranną rutynę, którą nazywam "stacją tworzenia". Robi to samo, co inne formy medytacji: otwiera we mnie przestrzeń, w której mogę usłyszeć, jak mówi do mnie moje ciało, dzięki czemu mogę świadomie wybierać to, co działa dla mnie i mojego ciała każdego dnia.

Większości z nas nigdy nie uczono wyboru. Dorastaliśmy, robiąc lub reagując na to, czego chciała dla nas matka, ojciec lub nauczyciele, lub co chcieliśmy robić, niezależnie od tego, czy nam się to podobało, czy tego chcieliśmy. Niektórzy ludzie, tacy jak ja, mieli zaplanowane życie przez apodyktycznych rodziców - do jakich szkół pójść, jakie stopnie naukowe osiągnąć. Nie przychodzi nam do głowy, że każdy dzień jest naszym dziełem, albo że jesteśmy możliwością i możemy wybierać każdego dnia.

Zaczynam od zapalenia świec, zanim usiądę przy mojej stacji tworzenia. Zawsze skupiam się na trzech rzeczach - czymś dla mojego ciała, mojej firmy i czymś osobistym. Na przykład, gdy przygotowywałam się do niedawnej operacji, przejrzałam jedną z moich "anielskich" książek z modlitwami i napisałam je, aby ułatwić fizyczne uzdrowienie. Mogę też zobowiązać się do czegoś prostego:

Dzisiaj, bez względu na wszystko, będę wdzięczny.

Dzisiaj, bez względu na wszystko, będę wrażliwy.

Dzisiaj, bez względu na wszystko, będę oddychać za każdym razem, gdy będę sfrustrowany.

Mam inną praktykę, kiedy czuję, że balansuję na krawędzi wymknięcia się spod kontroli z jedzeniem zbyt dużej ilości cukru, aby przywrócić sobie świadomość, że moje ciało czuje się lepiej. Kładę dłoń na grasicy i kości łonowej, zamykam oczy i oddycham. Następnie pytam: "Lisa, czego ci brakuje?". Albo "Czego ci brakuje?". Odpowiedź, która zwykle przychodzi, to coś związanego z utratą, brakiem lub tęsknotą za mną. Pragnienie zażegnane. Honor aktywowany.

Inne działania mogą obejmować:

- Czytanie codziennych refleksji
- Wybieranie anioła lub karty energetycznej
- Prowadzenie dziennika
- Zadawanie pytań:

Ciało, co chciałbyś dzisiaj [nosić, robić, jeść, uczestniczyć]?

Co sprawiłoby, że moje serce by dziś zaśpiewało?

Jeśli to wybiorę, co to stworzy?

Czy to tworzy życie, którego pragnę?

Dlaczego prowadzę działalność?

Co chciałbym wybrać i kim chciałbym być dzisiaj?

Ważne jest, aby nie przestawać zadawać pytań.

Ciekawość ma swój własny powód istnienia.

Albert Einstein

Cokolwiek zdecyduję się stworzyć lub kiedykolwiek o coś poproszę, zawsze kończę to moim ulubionym zwrotem: "Nie wiem jak...". Wiem, że tak będzie". Używam go do wszystkiego. Jeśli potrzebuję kogoś do obsadzenia stanowiska w moim biznesie, lub jeśli chciałabym mieć trzech nowych klientów lub więcej pieniędzy, mogę dodać: "To przychodzi mi z całkowitą łatwością. Wszechświecie, pokaż mi. Jestem wdzięczna i spełniona. I tak jest." I zawsze się pojawia.

Możesz stworzyć własne praktyki 1° Shift™ dla dobrego samopoczucia lub radykalnego życia. Może to być tak proste, jak siedzenie na balkonie i cieszenie się słońcem. Najważniejsze jest, aby mieć praktykę, która działa dla Ciebie i pozwolić jej zmieniać się wraz z Tobą - codzienną praktykę - sprawdzania swojego ciała i aktualizowania tego, na czym chcesz się skupić w tym dniu lub tworzyć w przyszłości. Mamy zabawny sposób zapominania, więc powtarzanie i działanie sprawi, że będziesz pamiętać o czterech C - wyborze, zaangażowaniu, współpracy, tworzeniu. Każdego ranka najpierw wybieram siebie. Zobowiązuję się do tego każdego ranka, a wszechświat współpracuje ze mną i tworzy to dla mnie i ze mną, a ja robię to dla siebie. Wtedy jestem gotowa do pracy przez resztę dnia. Nigdy nie jestem ofiarą, zawsze jestem twórcą i świadomym twórcą z moim niesamowitym ciałem zmian.

2. PUDEŁKO WSZECHŚWIATA

Nie musimy "robić" wszystkiego sami, a ta praktyka nam o tym przypomina. Przynajmniej może to uchronić cię przed nadmiernym myśleniem lub planowaniem. Cuda się zdarzają i tak, czasami wystarczy zapytać. Dlaczego nie pozwolić wszechświatowi współpracować z Tobą?

W tym 1° Shift™ napisz, co chcesz stworzyć lub czego pragniesz, a następnie umieść papier w swoim Pudełku Wszechświata. Myślę o tym jak o gotującym się kociołku. Wiesz, że to się gotuje i wymaga tylko okazjonalnego zamieszania. Daję swoim pragnieniom energię, wiedząc, że tam są, ale nie czytam ich ani nie zwracam na nie uwagi każdego dnia. Nie wiem, kiedy się pojawi, ale wiem, że się pojawi.

3. UWALNIANIE ENERGII INNYCH LUDZI

Usiądź ze sobą na pięć do piętnastu minut i zastanów się nad następującymi pytaniami:

Jakie przekonania jestem gotów porzucić?

Jakie osądy na temat mojego ciała się sprawdziły?

Jaką osobowością się stałem, która nie jest moją prawdą?

Następnie przeproś swoje ciało za przyjmowanie energii innych ludzi i niesłuchanie go. Możesz także napisać list do swojego ciała, a następnie spalić go lub przeczytać przyjacielowi, który nie będzie cię za to osądzał. Możesz też wybrać się na spacer do lasu i krzyczeć na całe gardło, że nie pozwolisz innym ludziom przejąć kontroli nad swoim ciałem. Uwolnij to w jakikolwiek sposób, który będzie dla Ciebie dobry. Po prostu zacznij tam, gdzie jesteś i zacznij już dziś. Zamknij tylne drzwi, wbij kołek w ziemię i powiedz: "Nie. Zamierzam powiedzieć nie".

4. ZNAJDŹ WDZIĘCZNOŚĆ

Uwielbiam zmiany wdzięczności. Ulubionym jest powiedzenie komuś - partnerowi, przyjacielowi, a nawet znajomemu - trzech rzeczy, za które jesteś wdzięczny. Jest to wspaniały sposób na zakończenie dnia, a szczególnie z małżonkiem lub partnerem, może połączyć was ze sobą i z całym światem.

Innym rytuałem jest uznanie i wdzięczność za dokonane wybory, w których wcześniej byłeś zamrożony lub trzymałeś coś w swoim ciele, a teraz jesteś wolny. Zaczynam to od oddychania do mojego ciała i dziękowania mu, pozwalając mu uświadomić mi coś, za co jestem wdzięczny. Ponieważ pod wzorcem trzymania, tragedią, traumą, sabotażem, ograniczeniem lub bólem zawsze znajduje się dar, możesz również zapytać o to bezpośrednio swoje ciało:

Co jest w tym najlepsze?

Jaki jest w tym prezent?

Co sprawia, że jest to tak cenne?

Co mi to daje?

Czego mnie to uczy?

Czego się uczę?

Następnie przyznaj, że to się stało i że wybrałeś inaczej. Podziękuj swojemu ciału za świadomość i podziękuj ludziom i graczom za ich udział w tej lekcji. Nie musisz już brać udziału w tej lekcji.

Uszanuj swoje doświadczenie. Bądź wdzięczny, dokonaj zmiany o jeden stopień i idź dalej.

5. GDYBY TWOJE CIAŁO MOGŁO MÓWIĆ

W większości przypadków chodzi o Ciebie. Ale w tym rytuale chodzi o Twoje ciało, więc pozwól mu mówić. Co powiedziałoby Twoje ciało? Tego właśnie chcesz się dowiedzieć. Pisząc z punktu widzenia swojego ciała, zamiast pisać: "Nienawidzę swojego ciała", napisałbyś: "Moje ciało nienawidzi [wypełnij puste miejsce]". Uważam, że pomocne jest rozpoczęcie od napisania: "Gdyby moje ciało mogło mówić, powiedziałoby...", a następnie po prostu puścić wodze fantazji.

Gdyby moje ciało mogło mówić, powiedziałoby...

Jestem zły na Ciebie, że faszerujesz mnie jedzeniem.

Jestem zły na Ciebie, że nie dajesz mi wystarczającej ilości wody.

Jestem zły na Ciebie, że uprawiasz seks z osobą, która traktuje cię okropnie.

Jestem zły na Ciebie, że pozostajesz w tym związku, kiedy powiedziałem ci, że nie czuję się dobrze w pobliżu tej osoby.

6. PRZENOSZENIE ENERGII

Zauważyłam, że kiedy jestem w złym nastroju, a w mojej głowie kłębią się wątpliwości, moje ciało staje się cięższe, gęstsze i wzdęte. Jeśli mam jakiś pomysł, ale go nie realizuję, moje ciało wzdyma się. Z drugiej strony, jeśli coś z tym zrobię, moje ciało wydaje się bardziej smukłe i mniej wzdęte. Tłuszcz jest energią wykorzystywaną przeciwko nam. Przechowuje nasze ograniczenia i tworzy gęstość i ciężkość w ciele, co zwraca nasz umysł przeciwko naszemu ciału. Tak więc, podczas gdy prawie każdy rytuał zapytania o to, co się dzieje, zmieni Twoją energię, czasami Twoje ciało potrzebuje i chce czystego ćwiczenia - ruchu fizycznego. Może to być wszystko, od chodzonej medytacji po jogę lub budowanie siły. Skupiamy się tutaj na rozpoznaniu, że niezależnie od tego, jak poruszasz energią, wewnętrznie lub zewnętrznie, wejście w teraźniejszość ma moc wywoływania głębokich zmian. Dodatkową korzyścią jest to, że często zmienia się również waga ciała.

Przechodząc do świadomości swojego ciała, oczekuj, że coś się zmieni. Oczekuj, że zmieni się to, czego pragniesz. Oczekuj, że zmieni się to, co jesz. Oczekuj, że zmieni się to, w co się angażujesz. Spodziewaj się, że wszystko się zmieni. Ponieważ o to właśnie chodzi. Ty się zmieniasz. Więc zdecyduj się odpuścić i zmień się i pozwól swojemu ciału na zmianę.

ĆWICZENIA

Jednym z celów tego rozdziału jest zaoferowanie praktyk, które można zintegrować z własnym życiem i własnym ciałem. Oto podsumowanie sugestii do wykonania jako "ćwiczenia":

1. Wdrożenie własnej praktyki Stacja Tworzenia™. Może to być codzienne czytanie inspirujących kartek lub fragmentów książek, a następnie prowadzenie dziennika w celu oczyszczenia umysłu i skupienia myśli.
2. Załóż swoją własną Skrzynkę Wszechświata. Możesz nazwać je w dowolny sposób. Możesz również udekorować je w sposób, który jest dla Ciebie atrakcyjny. Twórz małe karty i wrzucaj je, gdy wyobrażasz sobie rzeczy, które chcesz zamanifestować w swoim życiu. Może to być nowa kariera, rozpoczęcie związku, uwolnienie się od gniewu wobec osoby w Twoim życiu, a lista jest nieskończona. Pudełko Wszechświata to

Twój prywatny kanał do dzielenia się swoimi prośbami z wszechświatem.

3. Zidentyfikuj uczucia w swoim ciele, które wskazują, że przyjmujesz na siebie problemy innych ludzi lub negatywną energię. Naucz się rozpoznawać te uczucia i stwórz proces, aby się od nich uwolnić. Jeśli Twoje ciało napina się i pojawiają się przypadkowe bóle, Twoja praktyka może obejmować udanie się w spokojne miejsce, zamknięcie oczu i powtarzanie stwierdzenia lub mantry, aby przypomnieć sobie, że nie musisz brać na siebie ich problemów. Głębokie oddychanie i rozciąganie mogą być również częścią rytuału, a podczas silnego wydechu wyobrażasz sobie, jak negatywna energia opuszcza Twoje ciało.

4. Codzienna wdzięczność. Kalendarz z jednym tygodniem na dwóch stronach może być świetnym sposobem na zapisanie co najmniej trzech rzeczy, za które jesteś wdzięczny każdego dnia. Korzystanie z kalendarza pomoże ci śledzić ten proces każdego dnia, a także pomoże ci wrócić i ponownie przeczytać swoją przeszłą wdzięczność.

5. Prowadzenie dziennika przy użyciu stwierdzenia "Gdyby moje ciało mogło mówić, powiedziałoby...". Ten rodzaj dziennika pomoże Ci ponownie połączyć się z tym, co czuje Twoje ciało, zamiast ignorować wiadomości, które próbuje Ci wysłać.

6. Stwórz praktykę ruchu fizycznego, aby uwolnić energię. Może to być spacer na świeżym powietrzu, taniec w salonie lub uderzanie w poduszkę. Każdego dnia daj sobie pozwolenie na uwolnienie się od negatywnych emocji, które gromadzą się w Twoim ciele.

7. Wypowiedz te trzy stwierdzenia na głos kilka razy dziennie:

8. "Świetna robota, Ty! Świetna robota, ciało!"

9. "Oboje jesteście niesamowici!"

10. "A teraz oboje, BĄDŹCIE WIELCY!"

ROZDZIAŁ 6: KLUCZ DO UZDROWIENIA

Każde CIAŁO ma inną mapę drogową i wchodząc w intymność z tym, o co prosi nasze ciało, uwalniamy naszego wewnętrznego lekarza. To dzięki temu poziomowi odżywiania przez całe nasze codzienne życie następuje regeneracja komórek.

Gay Hendricks

Ernest Holmes, lider Nowej Myśli i założyciel Nauki Religijnej, napisał w swoim klasycznym dziele *The Science of Mind*, że "podstawową definicją wyleczenia jest 'opieka'". Stwierdza on: "Tak długo, jak żyje jakakolwiek komórka, co oznacza, że tak długo, jak żyje człowiek, komórki ciała reagują na opiekę". Takie proste pojęcie, a jednak w jakiś sposób staliśmy się społeczeństwem, które unika słowa "leczyć". Gdybyśmy jednak lepiej zrozumieli, co oznacza "opieka" i zastosowali ją do siebie, bylibyśmy znacznie bliżej prawdy o uzdrawianiu.

Przy moim biurku stoi roślina. To jedyna roślina, którą kiedykolwiek udało mi się utrzymać przy życiu.

W pierwszym roku, w którym uczęszczałam do AA, mówili, żeby kupić rośliny i sprawdzić, czy uda Ci się utrzymać je przy życiu, potem kupić szczeniaka, a potem wejść w związek. Czy widzisz ten trend? Dlaczego? Ponieważ uczysz się, jak być z samym sobą. Uczysz się, jak być ze sobą po raz pierwszy, bez rozwiązania, narkotyku, alkoholu, czegokolwiek. Zaczynasz od nawiązania relacji z rośliną. Musisz zwracać na nią uwagę. Musisz ją podlewać. Musisz ją przycinać. Musisz odcinać martwe liście. Kiedy używasz alkoholu, narkotyków lub czegokolwiek innego, aby się znieczulić, nie zwracasz uwagi na nic. Jesteś w zupełnie innym świecie. I jesteś bardzo egocentryczny i narcystyczny, z kryzysem za kryzysem, nieustannie gasząc pożary.

Opiekując się moją rośliną, dowiedziałam się, że istnieją badania naukowe, według których jeśli rozmawiasz z roślinami, żyją one dłużej. Zdecydowałam, *dlaczego nie porozmawiać z moim ciałem?* Zaczęłam więc z nim rozmawiać. Jeśli byłam w domu, wyłączałam muzykę i po prostu byłam sama ze sobą, albo w drodze do pracy w samochodzie udawałam, że moje ciało jest na siedzeniu obok mnie i pytałem: "Jak się masz?". Efekt był głęboki. To proste, ale bezpośrednie pytanie zaczęło rozbijać solidność mojego świata, która sprawiała, że byłam oddzielona od mojego ciała i nie byłam w przyjaznych stosunkach.

ZAPRZYJAŹNIANIE SIĘ Z SAMYM SOBĄ

Ciało zmiany jest tak naprawdę energią kochania siebie, bycia dobrym przyjacielem dla siebie, usuwania siebie z każdej innej psychicznej rzeczywistości energetycznej, która mówi: "Jeśli masz to [certyfikat, szkolenie, pieniądze, osiągnięcia, uznanie lub należysz do tej grupy, wypełnij puste miejsce], oznacza to, że jesteś dobry i ceniony". Nie ma znaczenia, jakie zmiany wprowadzisz, jeśli nadal masz program działający w tle i nie cenisz siebie ani nie wierzysz, że zasługujesz na cokolwiek. Dopóki te programy się nie zmienią, jesteś energią tej niegodności, czy o tym wiesz, czy nie. To tak, jakbyś miał fizyczną strukturę w swoim ciele o nazwie "Nie zasługuję". I dokładnie to będzie odzwierciedlone we wszystkich Twoich relacjach. I nic nie zmieni tej podstawowej rzeczywistości - nic, co ktokolwiek powie lub zrobi, żadna ilość edukacji, szkoleń lub certyfikatów licencyjnych, żadna ilość pieniędzy, nic nie zmieni, jeśli nie zmienisz tego fundamentalnego przekonania o sobie.

W pewnym momencie dochodzisz do punktu, w którym musisz mieć pewną dozę szacunku i szacunku dla siebie. Sposób, w jaki postrzegasz siebie, determinuje sposób, w jaki konfrontujesz się ze światem i sposób, w jaki on reaguje na Ciebie. W wielu duchowych tekstach napomina się nas, byśmy lubili innych tak, jak lubimy samych siebie. Więc jak bardzo lubisz to, kim jesteś? Pamiętam, jak mój kuzyn Johnnie, który wybrał trzeźwość trzy lata wcześniej niż ja, powiedział mi (musisz to sobie wyobrazić grubym głosem Tony'ego Soprano z New Jersey): "Lisa, cokolwiek robisz, bądź dla siebie dobrą przyjaciółką. I to wszystko". Nawet nie wiedziałam, co to znaczy. Nie miałam pojęcia, jak to zrobić, więc zaczęłam po prostu zadawać sobie tego rodzaju pytania dotyczące wszystkiego, co robiłam:

1. *Czy jestem dla siebie dobrym przyjacielem?*

2. *Jeśli to zjem, czy będę dla siebie dobrym przyjacielem?*

3. *Jeśli nie pójdę na siłownię, czy to jest bycie dla siebie dobrym przyjacielem?*

4. *Czy jeśli spotykam się z tą osobą, to jestem dla siebie dobrym przyjacielem?*

5. *Jeśli umawiam się z tą osobą, to czy jestem dla siebie dobrym przyjacielem?*

6. *Czy jeśli kupię szczeniaka, to będę dla siebie dobrym przyjacielem?*

7. *Czy jeśli kupię roślinkę, będę dla siebie dobrym przyjacielem?*

8. *Czy naprawdę chcę to dalej robić? Czy to jest bycie dobrym przyjacielem dla samego siebie?*

Tak łatwo jest nam pomyśleć: o, to mi się podoba. A, i to mi się podoba. Ale zadać sobie pytanie, czy lubimy siebie? To jest trudniejsze. Nie miałam żadnego punktu odniesienia. Byłam zależna od opinii innych na temat mojej wartości. Zadawanie sobie pytań w ten sposób, chwila po chwili, pomaga postawić je przed sobą, dzięki czemu można je zobaczyć wyraźniej. Możesz spojrzeć na to z perspektywy, którą cenisz. Jeśli cenisz lubienie siebie, nawet jeśli nigdy siebie nie lubiłeś, możesz dokonać nowego wyboru i wiedzieć, że to coś zmieni.

Na początku dobrym pomysłem jest ciągłe zadawanie pytań o wszystko, co robisz lub rozważasz, nawet na najbardziej przyziemnym poziomie. Na przykład, ja nie gotuję. Nie lubię chodzić do kuchni i przygotowywać czegoś dla siebie. Lubię, gdy ludzie, którzy uwielbiają gotować, przygotowują dla mnie posiłki, które moje ciało lubi, z wyprzedzeniem, tak aby czekały na mnie w lodówce. Wszystko, co chcę zrobić, to podgrzać. W przeszłości nie zwracałam na to uwagi i jadłam wszystko, co było dostępne. Nie dbałam o siebie na tyle, by dać mojemu ciału to, czego potrzebowało, by mnie wspierać i podtrzymywać. Jedzenie było pozostawione przypadkowi i wkrótce okazało się, że jem śmieciowe jedzenie i nie zwracam na to uwagi.

Gdy zaczniesz odnosić sukcesy, staniesz się bardziej świadomy tego, czego chcesz. Zaczniesz wiedzieć, czym jest, a czym nie jest bycie dla siebie dobrym przyjacielem. Jakiś czas temu miałam osobistą asystentkę/osobistą kucharkę, która była bardzo zabawna, ale też piła i zapominała o różnych rzeczach. Kiedy o czymś zapominała, wpadała w irracjonalny nastrój. W mojej głowie myślałam: *znam to zachowanie. Wiem, z czego ono wynika. Naprawdę kocham tę osobę. Dobrze się razem bawimy i uwielbiam jej jedzenie.* Trzymałam ją więc jeszcze przez jakiś czas, aż stało się to dla mnie naprawdę nie do zniesienia. Zdałam sobie sprawę, że nie byłam dla siebie dobrym przyjacielem.

Dokonałam zmiany i pozwoliłam jej odejść. Nawet później kusiło mnie, by sprowadzić ją z powrotem "tylko na miesiąc lub dwa, dopóki kogoś nie znajdę". Ale kiedy pytałam: "Czy jesteś dla siebie dobrym przyjacielem?". Czułam energię w moim ciele, która brzmiała: "Do diabła, nie wracaj". Pytanie przeniosło się do świadomości w moim ciele i moje ciało poinformowało mnie, co mam robić. Oczywiście mój umysł odpowiadał: "O Boże, tęsknię za nią", na co odpowiadałam: "Wygląda dobrze, ale nie, wiesz, jak to się skończy, wiesz, co to będzie". Nie rób tego. Po prostu idź dalej i dokonaj tej 1° Shift™!

Nie wiem jak... Wiem, że tak będzie. Wszechświecie,
pokaż mi...
Kiedy zaczęłam kochać siebie
Kiedy zaczęłam kochać siebie, odkryłam, że ta udręka
i emocjonalne cierpienie
są jedynie sygnałami ostrzegawczymi, że żyłam
wbrew własnej prawdzie.
Dziś wiem, że to AUTENTYCZNOŚĆ.
Kiedy zaczęłam kochać siebie, zrozumiałam, jak
bardzo może to kogoś urazić.

Kiedy próbuję narzucić swoje pragnienia tej osobie,
mimo że znałam czas,
wiem, że nie było to w porządku i dana osoba nie
była na to gotowa,
i mimo że tą osobą byłam ja.
Dziś nazywam to SZACUNKIEM
Kiedy zaczęłam kochać siebie, przestałam pragnąć
innego życia,
i widziałam, że wszystko, co mnie otaczało
zapraszało mnie do rozwoju.
Dziś nazywam to DOJRZAŁOŚCIĄ.
Kiedy zaczęłam kochać siebie, zrozumiałam, że w
każdych okolicznościach
jestem we właściwym miejscu o właściwym czasie,
i wszystko dzieje się dokładnie w odpowiednim
momencie.
Więc mogłam być spokojna.
Dziś nazywam to PEWNOŚCIĄ SIEBIE
Kiedy zaczęłam kochać siebie, przestałam kraść sobie
czas,
i przestałam projektować ogromne projekty na
przyszłość.
Dziś robię tylko to, co sprawia mi radość i szczęście,
rzeczy, które kocham robić i które radują moje serce,
i robię je na swój sposób i w swoim własnym rytmie.
Dziś nazywam to PROSTOTĄ.

Kiedy zaczęłam kochać siebie, uwolniłam się od
wszystkiego, co nie jest dobre,
moje zdrowie – jedzenie, ludzie, rzeczy, sytuacje,
i wszystko, co mnie odciągało od siebie.
Na początku nazwałam taką postawę zdrowym
egoizmem.
Dziś wiem, że jest to MIŁOŚĆ SIEBIE.
Kiedy zaczęłam kochać siebie, przestałam próbować
zawsze mieć rację,
i od tego czasu myliłam się coraz rzadziej.
Dzisiaj odkryłam, że to skromność
Kiedy zaczęłam kochać siebie, nie chciałam dalej żyć
przeszłością
i martwić się o przyszłość.
Teraz żyję tylko chwilą, w której WSZYSTKO się
dzieje.
Dziś żyję każdym dniem, dzień po dniu i nazywam to
SPEŁNIENIEM.
Kiedy zaczęłam kochać siebie, zrozumiałam, że mój
umysł może mi przeszkadzać,
i może mnie to rozchorować. Ale kiedy połączyłam
to z moim sercem, mój
umysł stał się cennym sojusznikiem.
Dziś nazywam to połączenie MĄDROŚCIĄ SERCA
Nie musimy się już bać kłótni, konfrontacji czy
jakichkolwiek problemów ze sobą lub innymi.

Nawet gwiazdy zderzają się i z ich zderzenia rodzą
się nowe światy.
Dziś wiem, że TO JEST ŻYCIE!
(Ten wiersz został przypisany Charliemu
Chaplinowi, ale nie został zweryfikowany.)

Ważne jest, aby zrozumieć, że najgłębszy powrót do
siebie następuje poprzez uzdrowienie relacji z
samym sobą i innymi. Aby to zrobić, musisz
rozwinąć moc rozróżniania, aby następnie określić
"co jest moje" i "co jest ich" - co jest dla Ciebie
wewnętrzne, a co zewnętrzne. Dużo czasu zajęło mi
rozluźnienie relacji z matką i odzyskanie tej części
siebie. W dzieciństwie jedynym dotykiem, jaki od
niej otrzymywałam, było bicie i ataki słowne. I jej
nienawiść, sztuczna miłość.

Ale dzieci sięgają po to, czego potrzebują. A moje
przetrwanie opierało się na miłości mojej matki
poprzez bycie "biedną Lisą", robienie wszystkiego źle
i wyrzucanie z klasy. Dawałam jej to, czego chciała,
żeby zwrócić na siebie uwagę, a uwaga, którą dosta-
wałam, to klaps, uderzenie, lanie. To wszystko, co
mogła mi dać. W tych okolicznościach byłam całkiem

bystrym dzieciakiem. Tak musiałam wtedy postępować.

Współczucie dla siebie jest najpotężniejszym uzdrowicielem ze wszystkich.

Theodore Isaac Rubin

Samowspółczucie jest formą miłości do samego siebie. Bez względu na to, jakie zmiany wprowadzisz, ile masz wskazówek, sztuczek lub umiejętności - nawet w moim przypadku umiejętności psychologicznych - nie oznacza to, że lubisz siebie. Jednak pod koniec dnia to właśnie jest decydujące. Jeśli masz program, taśmę działającą w tle, nie kochasz ani nie doceniasz siebie, życie będzie przypominało walkę. Stajesz się jego energią, nawet o tym nie wiedząc. Staje się ona fizyczną strukturą zwaną ciałem.

Na początku zadawanie sobie pytania: "Jeśli to robię, to czy jestem dla siebie dobrym przyjacielem?" wymaga wysiłku, aby o tym pamiętać, ponieważ nie masz żadnych ścieżek neuronowych ułożonych w mózgu. Może też wydawać się niewygodne lub niezręczne. Ale w końcu nawyk przejmie kontrolę i zaczniesz odnosić sukcesy. Zaczniesz wiedzieć, czego chcesz i co jest dobrym przyjacielem. Pytanie zostanie zintegrowane i przeniesione do świadomości w ciele. Nie będziesz nawet musiał o to pytać ani myśleć. Ten nowy pomysł po prostu stanie się Twoim życiem.

Na przykład, gdy wykonałam tę pracę, spadły ze mnie ogromne ilości wagi bez diety lub prób. Przestałam łaknąć lub pragnąć pokarmów, które nie były dla mnie dobre. Chciałam ćwiczyć. Twoje ciało będzie nawigować i mówić Ci, że stało się teraz czymś innym. Po prostu się nim stań. Na początku jest to trudne, ponieważ oduczasz się tego, czego nigdy się nie nauczyłeś i czego nie byłeś świadomy. Ale kiedy staniesz się świadomy tego, co jest dla Ciebie dobre, będąc tym przyjacielem, który Cię uszczęśliwia i wybiera dla Ciebie, zaczniesz budować w sobie siłę, by zaufać sobie.

Kiedy żyjesz w świadomości, że miłość do samego siebie jest sercem Twojej prawdziwej natury, nigdy nie będziesz samotny... i już nigdy nie będziesz samotny.

ĆWICZENIE

1. Zaczynaj każdy poranek od zadania sobie pytania: "Co zrobię dzisiaj, aby być dla siebie dobrym przyjacielem?".
2. Gdy stajesz przed wyborem lub odczuwasz niepewność przy podejmowaniu decyzji, zadaj sobie pytanie: "Jeśli zrobię to, czy będę dla siebie dobrym przyjacielem?".
3. Kiedy mówisz do siebie, zadaj sobie pytanie: "Czy w ten sposób rozmawiałbym z przyjacielem w potrzebie?".

ROZDZIAŁ 7: PONOWNE POŁĄCZENIE I CAŁOŚĆ

"Sztuka wewnętrznej świadomości ciała rozwinie się w zupełnie nowy sposób życia, stan trwałego połączenia z bytem i doda głębi do Twojego życia, której nigdy wcześniej nie znałeś".

Eckhart Tolle

Wyobraź sobie, że budzisz się ze sprężyną w kroku, szczęśliwy, że żyjesz i gotowy, aby zobaczyć, co jeszcze jest możliwe w ciągu dnia. Od początku do końca, Twój dzień jest pełen wyborów opartych na Twoich pragnieniach. A z tych pragnień wszystko jest możliwe, ponieważ uosabiasz możliwości. Jesteś generatywnym i kreatywnym magnesem. Ludzie uwielbiają przebywać w Twoim otoczeniu. Zmieniasz energię wszystkiego wokół siebie, po prostu będąc sobą. Twoje relacje opierają się na komunii, harmonii. Są zabawne, łatwe, radosne i wzajemne. Twoje ciało jest zdrowe i pełne życia. Jesteś pełen energii. Roztaczasz wokół siebie wyjątkowy blask. Twój biznes kwitnie, a Twoi współpracownicy śmieją się i dołączają do Ciebie we wszystkim, co tworzysz. Życie jest radosną przygodą. Śmiech i lekkość wypełniają Twoje ciało. Jesteś zdumiony, że czujesz taki sojusz z samym sobą. Ludzie pytają cię, co zrobiłeś, aby się zmienić, a Ty odpowiadasz: "Wybrałem siebie. Zaangażowałem się w siebie. Współpracowałem z wszechświatem i pozwoliłem mu zareagować, i stworzyłem to, o czym wiedziałem, że jest możliwe".

To opisuje życie, które czeka, aż je wybierzesz. Wszystkie przeciwności i bóle, tragedie i traumy, całe cierpienie, są w rzeczywistości możliwościami połączenia się ze świadomością tego, kim jesteś. Kiedy możesz zbadać swoją rzeczywistość i uwolnić się od podstawowych przekonań, które wspierają tę rzeczywistość, otwiera się zupełnie nowy świat z nowymi sposobami poruszania się do przodu w kierunku wszystkiego, czego pragniesz. Nagle to, co nigdy nie miało rozwiązania, ma nieskończoną liczbę rozwiązań. To, co zawsze cię dręczyło, zniknęło. Nie oznacza to, że może nie powrócić, ale nie powróci w ten sam sposób. Ty i Twoje ciało jesteście wybrańcami, którzy mogą się zmienić i w pełni zaangażować w swoje 1° Shifts™.

Cokolwiek pojawia się w teraźniejszości i doprowadza Cię do szaleństwa, jest związane z podjętą w przeszłości decyzją. Tylko ty możesz sprawić, że "nie oszalejesz". Ty jesteś kluczem do odblokowania tego, abyś mógł iść dalej ze swoim życiem, żyjąc radykalnie ze sprężyną w kroku. A zaczyna się to od wejścia w swoje ciało i świadomość. Kiedy uwalniasz się z klatki nieświadomego "ja", z nieświadomych przekonań, choroba opuszcza Twoje ciało. Wszystkie komórki ciała stają się zdrowsze. Głęboka zmiana może dosłownie zmienić Twoje ciało strukturalnie, nawet Twoje kości - ponieważ każda myśl osądu, którą miałeś o sobie, która owinęła się wokół Twojej komórkowej struktury szkieletu, odpada. To, co myślisz, tworzy Twoje ciało.

Jesteś ciałem zmiany. Twoje ciało jest darem oferującym możliwość nieograniczonego życia. Każdego dnia Ty i Twoje ciało możecie się zmieniać i wystarczy tylko jeden wybór, aby wywołać tę zmianę, 1° Shift™ - bycie w komunii i rozmowie ze swoim ciałem. Nadszedł czas, aby uznać blask Ciebie jako istoty, odcisk duszy z unikalnym duchowym podpisem, i możesz poprosić swoje ciało, aby stworzyło i dopasowało blask i piękno tego.

Ludzki duch nie ma żadnych ograniczeń. Jedynym ograniczeniem wielkości jest mówienie sobie "nie".

James Lawrence, the "Iron Cowboy"

Wolność jest funkcją Twoich przekonań. Moment, w którym odkryjesz przekonania, które trzymają Cię w miejscu, uwolni Cię w jednej chwili - chociaż dotarcie do prawdy wymaga wyboru, zaangażowania, współpracy i tworzenia. I nie musisz na początku wiedzieć jak. Nie wiem jak... Wiem, że tak będzie. Zaufaj drodze, która się rozwinie, gdy będziesz iść naprzód. W puszczaniu jest uwolnienie - to się nazywa zabawa i przygoda bycia ciałem.

Gdy tylko zaufasz sobie, będziesz wiedział, jak żyć.

Goethe

Czasami najtrudniejszą rzeczą do zmiany jest przyjęcie radości. Objęcie wszystkiego, co dobre. Ogarnąć sukcesy. Nie mieć żadnych problemów. Ogarnąć piękno własnej duszy. Bez względu na to, ile pracy wykonujesz, musisz nauczyć się żyć jako Ty. Bez kul, tylko Ty - surowy i prawdziwy. To może być dziwne. Możesz czuć się nagi. Ale będziesz też czuć się dobrze. Niektórzy z Twoich znajomych będą Cię lubić, a inni nie. Ludzie mogą odejść, a Ty będziesz dzięki temu lepszy. Gdy staniesz się bardziej zgodny ze swoim odciskiem duszy, twój świat będzie to odzwierciedlał. Na początku doświadczamy siebie jako odrębnych i postrzegamy nasze ciało jako odrębne, ale w rzeczywistości jesteśmy połączeni ze wszystkimi rzeczami, a ciało niesie to dalej. Gdy porzucamy nasze osądy, wszystko zaczyna się zmieniać. Zaczynamy widzieć rzeczy jasno i działać jasno, przyciągać inaczej, wierzyć inaczej.

Nie musimy wytwarzać bezwarunkowej obecności, ponieważ ona już tam jest, jak słońce, za chmurami naszego zajętego umysłu, i chociaż pływamy w tym morzu czystej świadomości, musimy być świadomi naszego zajętego umysłu, który nieustannie przeskakuje z wyspy na wyspę, z myśli na myśl, przeskakując nad i przez tę świadomość, która jest jego podłożem, nigdy tam nie odpoczywając.

Dr. John Welwood

Istota, którą jesteś, nigdy nie może zostać złamana. Nasz odcisk duszy i możliwość radykalnej żywotności jest w każdym z nas, w naszej istocie, ale wymaga to dostosowania naszej energii i świadomości. Uznajemy możliwości, ale jednocześnie rozumiemy, że nie zmieniamy się łatwo, ani nie powinniśmy. Ta praca może Cię spełnić i pobudzić do bycia bardziej kreatywnym, niż kiedykolwiek sobie wyobrażałeś. Kiedy odnajdujesz nić łączącą teraźniejszość z przeszłością i zmieniasz ją, a w tym procesie uwalniasz się od tyranii długo utrzymywanych nieświadomych przekonań, stajesz się cały obecny i ucieleśniony. Każda cząstka energii w Twoim ciele jest wolna. W ten sposób żyjemy radykalnie żywi, od problemu do możliwości.

To jest Twoje ciało zmiany. Kumulacja setek, tysięcy, milionów, miliardów i więcej 1° Shifts™ każdego dnia. To tworzy Twoje życie, życie, ciało, wewnętrznie i zewnętrznie, zgodne i radykalnie żywe. Twoje ciało z łatwością prowadzi Twoją wiedzę.

Teraz poćwicz to: (im częściej będziesz to robić, tym większa będzie Twoja obecność z ciałem)

Zamknij oczy

Połóż dłoń na grasicy i kości łonowej.

Oddychaj przez usta, poczuj stopy na podłodze, plecy na krześle i dłonie na ciele.

Rozszerz się i dotknij czterech rogów pomieszczenia, w którym się znajdujesz, czując swoje stopy na podłodze.

Rozszerz się na cztery rogi miasta, w którym się znajdujesz.

Rozszerz się na cztery rogi stanu, w którym się znajdujesz.

Rozszerz się na cztery rogi kraju, w którym się znajdujesz.

Rozszerz się na cztery strony świata, tak jakby istniały cztery strony świata.

Rozszerz się na cztery strony świata, jeśli takie istnieją...

Spójrz z powrotem na swoje ciało

Poproś trzy molekuły, by wystąpiły naprzód i zmień biegunowość tych molekuł na taką, jaką zmieniłeś po przeczytaniu tej książki. To jest energetyczne. Puść to.

Teraz poproś trzy dodatkowe molekuły, aby wystąpiły i uwolniły "ciężar" tego, czego byłeś nieświadomy. To jest energetyczne. Niech płynie.

Teraz poproś trzy dodatkowe cząsteczki, aby zmieniły biegunowość i obróciły te cząsteczki, aby stworzyć ciało zmiany, którym jesteś teraz. To jest energetyczne. Pozwól sobie być.

Powtarzaj tak często, jak tego pragnie Twoje ciało.

Stwierdź na głos:

"Zmieniłem się!".

"Wiem, że się zmieniłem!"

"Wiem, że się zmieniłam, ponieważ moje ciało jest CIAŁEM zmiany".

"Dziękuję, Ciało".

"Dziękuję, Wszechświecie".

"Dziękuję, ja".

"Jestem, WOLNY".

Jeśli nikt nie powiedział dziś twojemu ciału, że jest kochane, uwielbiane, pielęgnowane, cenione, honorowane i szanowane, to *teraz* tak jest! Powiedziano ci to!

Jeśli nikt ci dziś nie powiedział, że *cię kocha*, to ja to zrobię!

Nie wiem jak... wiem, że tak będzie.

Jestem wdzięczny i spełniony, i tak jest!

Bądź wspaniały!

ACKNOWLEDGMENTS

Mi amor, the love you share and give every day makes all things possible. My love for you is para siempre! Our bodies dance the symphony of being loved, adored, nurtured, cherished, honored, and respected. The love you have gifted me is beyond words and our connection bridges dimensions, lifetimes and realities. I am super honored to be on this journey with you. You and the kids and family are my precious cargo and fill me with so much joy and happiness of being a part of the all. Your love and authentic goodness evoked my true heart, mind, spirit, soul and body. I'm grateful everyday God's laser directed you to me and I leaned in and said YES. Best choice ever.

PART II

CIAŁO ZMIAN: ZESZYT ĆWICZEŃ

WPROWADZENIE

Witamy w podręczniku The Body of Change! Ten przewodnik jest twoim towarzyszem w transformującej podróży samopoznania. Każde ćwiczenie zostało starannie zaprojektowane, aby pogłębić twoje połączenie z wewnętrznym ja, umożliwić ci przełamanie barier i objęcie unikalnej ścieżki w kierunku pełni. Nie spiesz się z każdą sekcją, zastanów się głęboko i pamiętaj: ten zeszyt ćwiczeń jest twoim osobistym sanktuarium rozwoju i eksploracji.

ODKRYWANIE SWOJEJ DUSZY

ĆWICZENIE: REFLEKSJA DUSZY

Cel: Zidentyfikować i wyrazić swoją unikalną duchową sygnaturę.

INSTRUKCJE:

Przygotowanie:

Znajdź spokojną przestrzeń, w której nic nie będzie ci przeszkadzać. Usiądź wygodnie, zamknij oczy i skup się na swoim oddechu. Weź głęboki wdech, a następnie zrób pełny wydech, uwalniając napięcie z każdym oddechem.

Medytacja:

Spędź 10 minut na medytacji, skupiając się wyłącznie na oddechu. Gdy pojawią się myśli, delikatnie przekieruj swoją uwagę z powrotem na oddech. Pozwól swojemu umysłowi wędrować do momentów w swoim życiu, kiedy czułeś się pełen życia i połączony z czymś większym niż ty sam.

Refleksja:

Po zakończeniu medytacji otwórz oczy i zastanów się nad tymi chwilami. Zapisz co najmniej trzy doświadczenia, które rezonują z tobą - chwile głębokiej radości, spokoju lub połączenia.

Łączenie się z samym sobą:

Dla każdego doświadczenia zbadaj, w jaki sposób odnosi się ono do twojego poczucia siebie i celu w życiu. Co te chwile ujawniają o twojej prawdziwej naturze i unikalnym duchowym podpisie, który nosisz?

Miejsce na refleksję:

(Twoje przemyślenia i refleksje tutaj)

9

IDENTYFIKACJA BARIER

ĆWICZENIE: ZAPISZ SWOJE PRZESZKODY

Cel: Rozpoznanie czynników rozpraszających i barier dla kreatywności.

INSTRUKCJE:

Samoocena:

Poświęć chwilę na zastanowienie się nad tym, co może cię powstrzymywać. Jakie powtarzające się myśli, przekonania lub czynniki zewnętrzne utrudniają postęp lub twórczą ekspresję?

Wymień swoje bariery:

Stwórz obszerną listę tych przeszkód, począwszy od wewnętrznych wyzwań, takich jak samoocena lub strach przed porażką, po zewnętrzne naciski, takie jak ograniczenia czasowe lub oczekiwania społeczne.

Refleksja na temat wpływu:

Dla każdej bariery napisz krótką refleksję na temat tego, jak wpływa ona na twoje życie. Zastanów się, w jaki sposób pojawia się ona w codziennych czynnościach, procesach decyzyjnych i relacjach.

Plan działania:

Wybierz jedną barierę, na której skupisz się w tym tygodniu. Zapisz konkretne kroki w celu przezwyciężenia lub złagodzenia jej wpływu - może to obejmować zmianę nawyku, poszukiwanie wsparcia lub zmianę sposobu myślenia.

Kontynuacja:

Pod koniec tygodnia wróć do wybranej bariery. Zastanów się nad poczynionymi postępami i zdobytymi spostrzeżeniami.

Miejsce na refleksję:

(Twoje przemyślenia i refleksje tutaj)

10

WSPÓŁPRACA Z MĄDROŚCIĄ CIAŁA

ĆWICZENIE: PRAKTYKA ŚWIADOMOŚCI CIAŁA

Cel: Dostrój się do sygnałów swojego ciała.

INSTRUKCJE:

Codzienna praktyka:

Poświęć 5 minut każdego dnia na praktykowanie świadomości ciała. Wybierz spokojny czas, rano lub przed snem.

Skanowanie ciała:

Usiądź wygodnie, zamknij oczy i powoli przeskanuj swoje ciało od stóp do głów. Zwróć szczególną uwagę na odczucia, napięcie lub obszary relaksu bez osądzania.

Obserwacja i wgląd:

Zwróć uwagę na obszary, w których odczuwasz napięcie lub dyskomfort. Co te odczucia mogą ujawnić na temat twojego stanu emocjonalnego lub psychicznego? Codziennie zapisuj swoje obserwacje, zauważając wzorce lub zmiany w czasie.

Łączenie punktów:

Pod koniec tygodnia przejrzyj swoje notatki. Zastanów się nad tym, co przekazało ci twoje ciało. Jak te odczucia odnoszą się do twoich emocji, myśli lub doświadczeń?

Miejsce na refleksję:

(Twoje przemyślenia i refleksje tutaj)

11

UZDRAWIANIE ROZŁĄCZENIA

ĆWICZENIE: TECHNIKA ROAR

Cel: Wykorzystanie techniki Roar® do uwolnienia blokad emocjonalnych.

INSTRUKCJE:

Znajdź swoją przestrzeń:

Zidentyfikuj prywatną, bezpieczną przestrzeń, w której czujesz się swobodnie - swoją sypialnię, ciche miejsce na zewnątrz lub gdziekolwiek, gdzie nikt nie będzie ci przeszkadzał.

Skoncentruj się:

Stań prosto i weź głęboki oddech, uziemiając się w teraźniejszości. Poczuj swoje stopy na ziemi i ciało w jednej linii.

Ryk:

Kiedy będziesz gotowy, weź głęboki oddech i wypuść głośny, potężny „ryk". Ten ryk jest wyrazem frustracji, bólu lub blokad emocjonalnych. Uwolnij go w pełni i bez zastrzeżeń.

Afirmacja:

Po ryku, oddychaj głęboko. Afirmuj to, co chcesz przyjąć zamiast tego, na przykład „Przyjmuję moją siłę" lub „Witam pokój w moim życiu".

Refleksja:

Zapisz w dzienniku, jak czułeś się podczas tego ćwiczenia. Jakie emocje pojawiły się podczas afirmacji? Jak afirmacja zmieniła twoją energię? Zastanów się nad wszelkimi zmianami w sposobie myślenia lub stanie emocjonalnym.

Powtarzaj w razie potrzeby:

Możesz powrócić do tego ćwiczenia za każdym razem, gdy potrzebujesz uwolnić stłumione emocje.

Miejsce na refleksję:

(Twoje przemyślenia i refleksje trafiają tutaj)

Miejsce na refleksję:

(Twoje przemyślenia i refleksje trafiają tutaj)

CODZIENNE PRAKTYKI NA RZECZ PONOWNEGO POŁĄCZENIA

ĆWICZENIE: CZTERY E I CZTERY C

Cel: Wdrożenie codziennych praktyk w celu ponownego połączenia się z samym sobą.

INSTRUKCJE:

Cztery E:

Każdego dnia wybierz jedno z Czterech E, na którym chcesz się skupić:

- Embracing: Akceptacja i kochanie siebie takim, jakim jesteś.
- Badaniu: Refleksja nad swoimi myślami, uczuciami i zachowaniami.

- Wcielanie: Wcielanie w życie swoich wartości i prawdy w codziennych działaniach.
- Rozwijanie się: Wykraczanie poza obecne ograniczenia i odkrywanie nowych możliwości.

Zastosowanie:

Przez cały dzień świadomie stosuj wybrane E w swoich myślach, działaniach i interakcjach. Zauważ, jak wpływa to na twoje wybory i relacje z samym sobą.

Codzienna refleksja:

Pod koniec każdego dnia zapisz swoje doświadczenia. Jak skupienie się na tym E wpłynęło na twój dzień? Jakie spostrzeżenia lub wyzwania się pojawiły?

Podsumowanie na koniec tygodnia:

Na koniec tygodnia przejrzyj swoje refleksje. Podsumuj swoje spostrzeżenia i zanotuj wszelkie zmiany w perspektywie lub zachowaniu. W jaki sposób ta praktyka pomogła ci ponownie połączyć się z samym sobą?

Cztery C (opcjonalnie):

Jako rozszerzenie, poznaj Cztery C: Jasność, Odwaga, Zaangażowanie i Współczucie. Włącz je do swojej codziennej praktyki w sposób, który wydaje się naturalny i wspierający twój rozwój.

Przestrzeń refleksji:

(Twoje przemyślenia i refleksje trafiają tutaj)

13

ZAPRZYJAŹNIANIE SIĘ Z SAMYM SOBĄ

ĆWICZENIE: LIST O WSPÓŁCZUCIU DLA SAMEGO SIEBIE

Cel: Pielęgnuj pełną miłości relację z samym sobą.

INSTRUKCJE:

Przygotowanie sceny:

Znajdź ciche, wygodne miejsce, w którym będziesz mógł pisać bez przeszkód. Zapal świecę, włącz łagodną muzykę lub stwórz przyjazne otoczenie.

Pisanie listu:

Napisz list do siebie tak, jakbyś zwracał się do drogiego przyjaciela przechodzącego przez trudny okres. Zaoferuj słowa zachęty, zrozumienia i współczucia. Uznaj swoje wyzwania i wyraź empatię dla swoich zmagań.

Pozytywne afirmacje:

Dołącz afirmacje do swojego listu. Przypomnij sobie o swoich mocnych stronach, wcześniejszych osiągnięciach i poczynionych postępach. Zachęcaj siebie do kontynuowania, nawet jeśli droga jest trudna.

Czytanie na głos:

Po zakończeniu przeczytaj list na głos. Zwróć uwagę na to, jak się czujesz, słysząc te pełne współczucia słowa skierowane do ciebie.

Przechowywanie listu:

Umieść list w łatwo dostępnym miejscu, np. w dzienniku lub na stoliku nocnym. Wracaj do niego za każdym razem, gdy będziesz potrzebować przypomnienia o swojej odporności i poczuciu własnej wartości.

Kontynuacja:

Rozważ okresowe pisanie nowych listów w trudnych chwilach, aby wzmocnić pełną współczucia relację z samym sobą.

Przestrzeń refleksji:

(Twoje przemyślenia i refleksje tutaj)

14

PONOWNE POŁĄCZENIE I PEŁNIA

ĆWICZENIE: WIZUALIZACJA CAŁOŚCI

Cel: Wizualizacja swojej drogi do pełni.

INSTRUKCJE:

Przygotowanie:

Znajdź spokojne miejsce, w którym możesz wygodnie usiąść lub położyć się. Zamknij oczy i weź głęboki oddech, aby zrelaksować ciało i umysł.

Wizualizacja z przewodnikiem:

1. Wizualizuj czas, w którym czułeś się

kompletny i pełny. Może to być konkretny moment lub ogólny okres w twoim życiu.

2. Wyobraź sobie otoczenie, ludzi i emocje związane z tym czasem. Skup się na szczegółach, które sprawiły, że poczułeś się połączony i spełniony.

3. Teraz wyobraź sobie swoje obecne życie przepełnione tym samym poczuciem całości i więzi. Wizualizuj, jak wygląda Twoje codzienne życie, gdy jesteś w pełni zestrojony ze sobą.

4. Zwróć uwagę na emocje, które pojawiają się, gdy wizualizujesz ten stan. Jakie to uczucie być połączonym ze sobą i swoim celem?

Zapisywanie doświadczenia:

Po wizualizacji zapisz szczegóły swojego doświadczenia. Jak wygląda dla ciebie pełnia? Jak możesz zaprosić jej więcej do swojego życia?

Kroki działania:

Zidentyfikuj możliwe do wykonania kroki, aby zbliżyć się do poczucia pełni. Rozważ małe zmiany w swojej rutynie, zmiany w sposobie myślenia lub głębszą pracę nad rozwojem osobistym.

Stała praktyka:

Regularnie powracaj do tej wizualizacji, aby wzmocnić swoje połączenie z całością i poprowadzić cię z powrotem do prawdziwego siebie, gdy poczujesz się odłączony.

Przestrzeń refleksji:

(Twoje przemyślenia i refleksje trafiają tutaj)

PODSUMOWANIE

Gratulujemy ukończenia podręcznika The Body of Change! Poczyniłeś znaczące kroki w kierunku pogłębienia więzi z samym sobą i przyjęcia pełni swojej istoty. Pamiętaj, że ta podróż trwa, a każdy kolejny krok przybliża cię do twojego autentycznego „ja".

Kontynuuj powracanie do tych ćwiczeń, integruj zdobyte spostrzeżenia i szanuj poczynione postępy. Jesteś wart zmian, których pragniesz. Idź naprzód z odwagą, współczuciem i otwartym sercem.